奇異果文創

奇思異想之果

溫柔革命閱讀

奇異果文創

奇思異想之果

溫柔革命閱讀

奇異果文創

奇 思 異 想 之 果

溫 柔 革 命 閱 讀

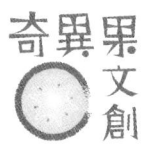

奇異果文創

奇 思 異 想 之 果

溫 柔 革 命 閱 讀

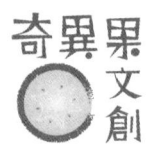

動漫
社會學

別說得好像還有救

王佩迪—主編

目錄

推薦 8

主編序：從性癖到社群！宅宅腐眾不需要被拯救 王佩廸 11

棄療入宅

棄療入宅之快問快答 29

警察先生，就是這個人！ fallengunman 49

從「同人女」到「腐女子」 千翠 57

百合群像 楊若暉（半成品） 71

對談！百合少女 vs. Socotaku 整理／elek 81

真推坑之路

日本成人遊戲發展史 弦琅 95

與虛擬美少女的日常戀愛 —— Love Plus 科科任 109

好男人都在遊戲裡？——乙女遊戲 陳莞欣 121

讓我們真實地活著吧！ONE PIECE 的性別詮釋 阿橘 131

COSPLAY！二次元走入現實

COSER，偽娘與跨性別的下午茶時間　整理／王佩廸　141
COSPLAY與夢想：女僕咖啡館的慾望邊界　林穎孟　165
大小姐，歡迎歸宅！執事喫茶的妄想實踐　張瑋容　175

妄想的共同體

妄想的共同體：「YAOI」社群中的愛情符碼功能　文／東園子　譯／KONEKO　189
故事中的愛情功能：「YAOI」為何要描寫愛情？
「YAOI」的詮釋遊戲
「YAOI」的愛情平行世界
詮釋的愛情符碼
作為女性間溝通媒介的愛情符碼
「YAOI」系腐女同性交際（homosociality）
「YAOI」社群與異性戀

多層次的動漫性別政治

BL色情的承襲與威脅　邱佳心　223
腐女的入櫃與出櫃　劉品志　233
正太控？BL？未熟的性魅力　elek　247

附錄

各類作品建議書單　257
作者介紹　260

推薦

這本書結合了對社會學和動漫的愛，展現出御宅文化研究者的別有洞天，值得推薦。

東吳大學社會系副教授　張君玫

宅腐專書一向陷於兩難式，基於市場考慮必須面向大眾，期望專業交流又需鎖定在小眾族群作縱深探討，一不留神隨時兩端不討好。《動漫社會學：別說得好像還有救》竭力作出平衡，由惡趣味的出櫃告白，到宅腐名目及文本的專業解碼等都一并顧及——尋找最大公因數的寫作方向，從來崎嶇不平，「有救」的前設就是先要「自救」，因此是書值得我們好好捧讀，由是去弄清宅腐底蘊。

香港作家、社會觀察家　湯禎兆

當「沒救了」作為一種最高的讚美

多年前我大學所參加的社團流傳一句名言：「變態拓展你的視野。」那個時候「有病」、

「變態」到現在的「壞掉」、「棄療」等，一直是御宅腐族引以為傲的「反面讚詞」，它們代表御宅腐族擁有與一般安全大眾完全不同的觀看角度，對於自己的「特立獨行」，也有著自尊與自卑一體兩面的奇妙認同。

身為一個多年（就不暴露自己的年紀了）動漫迷與BL生態觀察者，面對媒體與大眾對ACG、同人族群的描述從最早的「同人誌是不是同志」、「穿同人誌走來走去」到現在「真實虛擬偶像傻傻分不清楚」、「犯罪就是因為電玩打太多」，與其說是習慣，不如說是諦觀了。但其實動漫音樂愛好者的態度，本質上跟古典音樂發燒友相去無幾；而蒐集GK的玩家，也跟集郵之友同樣對所蒐集的標的如數家珍、熱愛非常（當然稀有品也一樣會增值有市場）。我碰過一位鐵道迷朋友，把小蜜蜂塞進疊起的光碟片中央的圓洞，放在高鐵700T車廂地板上錄下首航機械運作聲，珍而重之。這樣的人，自然也是我御宅腐族令人肅然起敬的一員。

但本書有一群人，在作為「動漫、同人迷」的同時，並非完全地跳入深海沉醉其中，反而分裂出「觀察自我」（observing ego）來觀察反思自己的「迷經驗」（fandom）。這是一種苦行，因為這群人無法也不甘於百分之百沉迷在所喜愛的ACG當中，反而時時保持清醒，注視愛著ACG的自己。有的是因為不願被外部拿走詮釋權，讓自己成為他人的研究

「客體」，然後因循成習地被打入「次文化」「盲目」「被宰制」的範疇中，希望取回自我詮釋的權力，爭取「合法公民權」；也有的是疑惑「我、御宅腐族因何而來」，意識到自身族群的特異珍貴，拿自己當觀察對象，探索人類社會文化現象的祕密；也有的是單純對自己身上發生的迷經驗產生好奇，藉由拆解自己的心態與行為，找回屬於自己的那份認同。

也就是說，我們清醒地注視自己的瘋狂。

聽來很像是人格分裂對吧？但隨著一篇篇自我民族誌的書寫問世，迷的自我正身與自我論述也逐漸成為可能，尤其在動漫、同人迷的「異端」特質上，我們經常地跳脫常識，甚至站在與常識對立的立場，得以離開道德二元，不停質問自身。加上身為中重度迷，也多具求知與研究特質，使我們在熱情與理性當中來回，不斷激盪出更多新的模型與解釋。

說了這麼多，不能免俗地還是要請各位翻開本書，因為在這裡，我們暴露出自己的「恥部」，雖然害羞，也很勇敢。如果能為各位打開一絲絲新世界的帷幕，就請讚美一聲「沒救了」，這對我們，就是極高的榮譽。

CCC漫畫期刊特約編輯、BL小說譯者　Miyako

主編序
從性癖到社群！

宅宅腐眾不需要被拯救

文—王佩廸

動漫御宅族，在許多保守人士的眼中是個社會問題，大眾媒體也充斥著對動漫御宅族的刻板印象，講難聽一點就是脫離現實、反社會、性變態等等，而御宅族聽到這樣歧視字眼，可能會馬上跳出來反駁，指「喜歡動漫的人不一定就是有中二病的魯蛇，許多動漫作品具有社會意義和思想深度，不是所有作品都是色情的好嗎」。這些說法都沒錯，我們也希望動漫作品的豐富內涵能被正視，不過，關於色情這一點，如此急於撇清，表示喜歡的並非色情，而是作品深度，這難道是希望自己聽起來還有一點救是嗎？

說真的，別說得好像還有救啦！

（不過也不需要叫警察或ＦＢＩ啦！）

動漫御宅族群當中，的確就是充滿著對性的各種想像及不同屬性的愛好者（這不就跟整個社會群體一樣嗎？）只不過御宅族們透過作品類別化，有更明確且引人矚目的分類：如蘿莉控、正太控、百合控和腐女子等。在二次元的世界中，可以天馬行空地想像與創造，沒有世間律法的約束，亦不必理會同性禁忌的社會壓力，因此多元的性癖嗜好得以衍生發展，同好們集結並且產生社群，一起分享、討論、創作，共同面對外界的批評與冷嘲熱諷，偶爾也可以互相取暖。

在二次元世界中肆無忌憚的妄想，並沒有實際侵犯到現實的人事物，而且大多數御宅族們也很清楚「虛擬」和「現實」的界線。然而，總是會有些對御宅文化根本不了解的人，硬是將這些妄想與現實混淆，進而連他人的思想（妄想／欲望）都想要去箝制，甚至提出各種要去拯救這些人的輔導方案——究竟是誰虛擬和現實傻傻分不清呢？

說真的，宅宅腐眾【註1】們不一定想要被「拯救」啦！

（棄療入宅的人生更加充滿樂趣！）

在這本書中，我們集結了一群具有各種「控」身分的宅宅腐眾們，多數作者亦是社會學、性別研究、傳播等相關領域出身的博士、碩士、研究生或大學生，有些對御宅文化研究學有專精，有些則在臺灣ＡＣＧ【註2】文化圈打滾了數十載。針對社會大眾對ＡＣＧ文化和御宅族的刻板印象或誤解，我們想從社會學的角度去回應，因此有了「動漫社會學」系列的誕生。而作為系列書的首發，我們決定以ＡＣＧ文化中最常受關注的「性癖」議題來做為此書的主題。

「性癖」日文的原意，是指一個人的心理或行為上有所謂的嗜好、習性和性格。然而後來這個詞被普遍引用為對特定性行為的嗜好或偏愛。綜合這兩層意涵，我們在此書用「性癖」這兩個字，指的是「對動漫作品中特定物件、角色、萌屬性或故事類型的偏愛，並連結到自身的欲望」，例如有人覺得戴眼鏡的角色很有魅力、有人認為穿過膝長襪的女孩具有吸引力、有人則覺得同性相戀的故事更加令人興奮，每個人都可能對某些特定屬性產生反應（無論是心理上或生理上的）。

因此，透過各章節的書寫，我們希望呈現出在ＡＣＧ圈中各種不同性癖的存在、其發展脈絡和具體樣貌，以及這些喜好所象徵的性別意涵。究竟為何會有這些特殊性癖的存在？男女權力關係的差距會因此更被強化或更加平等？又或者性別關係是否因而出現跟以往不同的新形式？針對這些社會學式的發問，各章節的作者們各自有其研究分析，而作為小心謹慎的社會學者，我們通常不會提供所謂的正確答案，而是提出更多質疑讓讀者們去思考。不過，我們可以確定的是，ACG文化所呈現出來的性別樣貌，比主流社會預設的性別關係來得更加精采多元。

想要瞭解在許多人眼中看來「似乎」是超乎常軌（特別是性方面）的日本動漫和御宅族，可以從日本動漫發展史來爬梳其中關於「性癖」這個主題。

「漫畫」一詞首見於江戶時代，字面上意思是「恣意、隨意的圖畫」，當時著名畫家葛飾北齋的繪本之一即稱為《北齋漫畫》，是一本教人畫圖的繪本。不過，大多數人對葛飾較為熟知的是他的浮世繪系列作品《富嶽三十六景》。事實上江戶時代所流行的浮世繪，主題可以從風景、人物，甚至連性交過程都有，後者又稱為春画（春宮圖）。無論是葛飾或其他繪師的春宮圖作品，都可謂毫無禁忌、相當露骨，鉅細靡遺地描寫性交的畫面，甚至誇大描繪生殖器官。這些在當時不過就是市井小民娛樂欣賞用的春宮圖，今日則堂堂登入美術館，成為展覽的精緻藝術。然而若同樣的內容出現在漫畫中，無疑的會被歸類為猥褻的色情圖片吧！

日本早期藝術大辣辣的以性為題，反映的是自古以來日本人對身體和性交的價值觀：在傳統日本文化，包括神道教的神話，都表現出性並非淫穢不堪的禁忌，而被認為是具有生產和創造的力量來源。

到了近代，日本的漫畫和動畫由手塚治虫奠定了今日的產業模式，二次大戰戰後初期的作品主要以兒童向為主，例如《原子小金剛》。不過，鮮少人知道，日本首部成人動畫《千夜一夜物語（天方夜譚）》（一九六九），也是出於手塚之手，內容有著裸露大膽的性描繪。

接下來十數年間，日本動漫畫從兒童向逐漸發展出以年齡、性別分類的作品，如少年漫畫和少女漫畫雜誌的區分。進入一九八〇年代，漫畫的分類更加細緻：成人漫畫、淑女漫畫、偵探、美食、職場或政治鬥爭主題等等。至此，日本的動漫產業發展至巔峰，在國際上逐漸擁有知名度，特別是科幻類的動畫電影《阿基拉（AKIRA）》和《攻殼機動隊》，讓西方的科幻粉絲們為之傾倒，而一九九五年的《新世紀福音戰士》更使得長期以來受到歧視的動漫作品，重新得到日本社會大眾的青睞。

另一方面，有一群昭和二十四年（西元一九四九年）前後出生的女性漫畫家，帶領著少女漫畫進入七零年代的黃金時期，為少女漫畫增添了許多新的元素，通稱「花之24年組」。他們的風格華麗、前衛，或許是科幻、奇幻、異國背景、史詩版的歷史故事，亦或描繪同性少年之間的禁忌之愛。後者，稱之為「少年愛」，並逐漸發展成日本漫畫出版中的一大類別：「Boys' Love」（以下簡稱ＢＬ）。

早期的少年愛強調具有文學詩意且悲劇命運般的耽美風格，而今日的BL則多屬於歡樂結局的男男戀，性的描繪並有逐漸增加的趨勢，但較少去探討主角們的同志認同。無論是早期少年愛還是現在的BL，多是少女們「妄想」出來的男男之戀，並非以「寫實」為目的。而BL在今日漫畫和小說市場中更可視為一匹黑馬，在近年來出版界景況低靡狀況下，BL的銷售比其他類別卻更加顯著地成長。究竟BL對女性讀者而言有甚麼樣的吸引力，能讓他們如此熱愛？而這跟女性的性別意識覺醒是否具有關聯性？這些都是此書所關注的議題。

一九九〇年代初期，日本動漫畫產業受到一九八九年宮崎勤連續幼女誘拐殺人事件而陷入低潮，特別是色情動漫部門。動漫人才部分流向電玩產業，並逐漸發展出頗具規模的戀愛冒險（AVG）類型的電玩遊戲，又稱為美少女遊戲。在數位科技的推波助瀾之下，遊戲角色設定中的某些屬性被大量地複製，形成所謂「萌屬性」的類型化，如傲嬌、無口、天然呆、巨乳、雙馬尾、眼鏡、女僕等，這些萌屬性在美少女遊戲中幾乎俯拾皆是。動漫畫作品也一改過去少年漫畫硬派格鬥的題材，大量出現以戀愛為主題的「萌系動漫」，加上各種周邊產品熱賣，如美少女模型或角色抱枕，吸引不少御宅族的消費，並且出現粉絲直接稱呼角色為「我的老婆（俺の嫁）」的流行現象。

於是，有些學者開始擔憂御宅族太過專注於二次元，喪失與現實人物互動的能力，指出這些人「脫離現實」、可能是「危險的」之類的警語，美其名是關切，但事實上卻是將御宅族視為不正常的族群，甚至是犯罪預備軍。

沉迷於二次元世界的御宅族們真的這麼有問題嗎？對大多數御宅族而言，會想要在二次元世界裡尋求滿足，在某程度上是對現實社會的反抗，因此，與其擔心他們沉浸在二次元裡出不來，更應該去了解我們所處之現實社會究竟是出了甚麼問題，以至於讓這麼多人感到不滿，而必須叛逃到另一個國度尋求更加美好的前景。

喜歡蘿莉或正太角色的宅宅，或許正是因為這項性癖違反了現實社會的律法，他們只好（也可能是只想）從二次元中獲得滿足；少女們對傳統的男女性別規範感到失望，而發現到動漫中的百合或男男的禁忌之戀，怎麼看都比現實中的異性戀要來得更加純粹（這不就是Giddens所謂的純粹關係），當然，也更加刺激。

宅宅腐眾們的每個選項，都有各自的理由，每個人也都認為自己的選擇是最好的，就算別人不懂也沒關係。但我們還是希望把這些議題拿出來討論、說明、分析。對某些人而言，或許御宅族是一群很糟糕的人，然而對我們而言，身為御宅族是一種引以為傲的自我認同。

好吧，其實，我們就是一群沒救的人啦！

章節介紹

這本書各篇文章的內容安排包括有：宅宅腐女的自我揭露、ACG產業和作品的介紹、粉絲對作品的衍伸詮釋、以及相關研究論述的改寫及翻譯等等。我們盡量避免使用艱澀的學術文字，內容則要求有一定程度的理論或實務基礎，能夠對ACG文化進行深入淺出的介紹與分析，除了希望能讓讀者更瞭解動漫作品和御宅文化的內涵之外，也希望能幫助讀者們進一步肯認自己內心深處的夢想、需求、心之所欲。

本書的第一個單元「棄療入宅」，談對御宅族的刻板印象。〈棄療入宅之快問快答〉列出一般人可能會對御宅族提出來的常見問題，刻意挑選出充滿刻板印象的題目，然後請參與本書企劃的編輯、作者、受訪者等數人即時（即興?）作答。我們早已習慣被問及相關問題，也都多有所備，除了能針對常見問題做出嘲諷的回應之外，亦能讓人感受到作者群對ACG的愛、對自己興趣的執著和肯定。

接下來的三篇文章分別以蘿莉控、腐女和百合控為主題。〈警察先生，就是這個人！〉是一篇蘿莉控宅男的養成故事。蘿莉控就是指喜愛動漫中的幼女角色這種特殊性癖的人。長大後並沒有跟大多數人一樣「脱宅」的 fallengunman，因為迷上了《庫洛魔法使》中的蘿莉小櫻，從此一去不復返地掉入蘿莉深坑，而網路科技更加深、加速了他的宅化，儘管面對外界對戀童癖的印象是犯罪、變態，但喜歡上二次元蘿莉的 fallengunman 有一套他對自己性癖的詮釋與分析。

成為腐女或許是千翠小時候在出租店的偶然，但也可以說是個必然。在〈從「同人女」到「腐女子」〉中，千翠的自述帶出了臺灣同人誌、盜版漫畫及十八禁ＢＬ作品創作等等的圈內秘辛，實可做為重要的研究參考史料。文中也說明了「同人女」與「腐女子」的認同差異，從中隱約地呈現出臺灣ＢＬ愛好者的身分認同，隨著近年來性別觀念的開放而轉變。

近年來針對ＢＬ或腐女的公開討論越來越多，大多數人反而是對ＧＬ或百合控感到陌生的。研究百合文化的楊若暉在〈百合群像〉中，將日本百合文化的系譜完整鋪陳，並以自己的研究資料為據，將華文百合社群的真實面貌呈現給讀者，破除了許多人對百合控的迷思。

〈對談！百合少女 vs. Socotaku〉則由以楊若暉（半成品）為代表的百合少女和書寫動漫評論的宅男社群 Socotaku 兩種性別／性向迴異的社團的對談紀錄。對談主題除了延續上一章「百合控究竟是男生還是女生居多？」議題外，還討論了性別／性向與閱讀動漫的類別之間的關聯性，最後亦提及御宅文化的存續與粉絲社群認同的關係。

有人認為御宅族喜歡虛構的動漫角色是不切實際的，為了這些虛擬人物而浪費時間和金錢甚至是愚蠢的。但話說回來，這跟崇拜電影明星或偶像歌手又有甚麼差別呢？「真推坑之路」此一單元的文章，介紹各種男性向、女性向類別的ＡＣＧ作品，試圖透過生產者對二次元角色（屬性）的設定、消費模式、對角色的慾望與作品詮釋，將二次元角色吸引人之處具體地呈現出來，當然，作者們也會順便推坑。

〈日本成人遊戲發展史〉是曾在ＢＢＳ上發表過相關文章的作者弦琅應邀重新整理完成的章節，弦琅從早期日本成人電玩產業的發展談起，爬梳整個從一九八〇年代起到二〇〇〇年之間成人電玩和美少女遊戲的產業風雲錄，並且說明了從實用向的遊戲設計，演變到劇情向為主流的市場變化。

二〇〇〇年之後，遊戲業界也不乏其他經典的ＡＶＧ美少女遊戲，但以遊戲介面與類別的創新度而言，則不得不提及二〇〇九年上市的《Love Plus》。科科任的〈與虛擬美少女的日常戀愛〉，以戀愛模擬遊戲《Love Plus》為例，指出媒介技術的進展如何為戀愛遊戲市場帶來變革，並帶領讀者進入遊戲的世界，具體說明如何與二次元角色談一場日常戀愛，讓人不禁質疑這究竟是模擬戀愛，亦或是「真實」戀愛？

在〈好男人都在遊戲裡？〉一文中，作者陳莞欣分析了女性玩家如何與「乙女遊戲」中的男性角色談戀愛。儘管同樣是以女主角追求愛情為主題，乙女遊戲比閱讀少女漫畫多增加了互動性，玩家可以選擇如何玩、是否認同並代入女主角的位置，而作者更指出遊戲中的男性角色顛覆了主流陽剛特質：成為提供情緒勞動（emotional labor）的角色：原本預期是由女性所提供的情緒照顧，在乙女遊戲中，反而是由男性角色來表現出溫柔、體貼、照顧，甚至能將感情流露。看來乙女遊戲中的戀愛，更能符合 Lynn Jamieson 所謂的「揭露式的親密關係」。

對《ONE PIECE》充滿著熱情的阿橘，有別於強調王道少年漫畫作品對男主角陽剛特質的強化、並將女角身體性感化之類的常見批評，在〈讓我們真實地活著吧！〉中，將漫畫作者尾田榮一郎的故事鋪陳和角色設定，重新加以詮釋分析，指出《ONE PIECE》中諸多女性和跨性別角色的存在，其實具有顛覆父權性別秩序的可能性。

第三個單元「COSPLAY！二次元走入現實」，從身體扮演和性別越界的觀點，去檢視將動漫角色搬到現實世界中的 A C G 文化、COSPLAY 和相關服務業。

〈COSER、偽娘與跨性別的下午茶時間〉是一場對談的紀錄整理，集結了在臺灣 A C

G圈活躍的 COSER、同人女、偽娘及跨性別者，針對臺灣的 COS 文化和近年來從日本、中國到臺灣都相當流行的偽娘風潮進行討論，除了挖出了一些圈內黑歷史之外，也針對偽娘、cross-dresser 或跨性別者的性別認同進行了更細膩的區分。

在同人場上的 COSPLAY 是粉絲自主的身體展演活動，然而，這樣的身體展演卻也可能被當作商品來販賣，因此會讓人擔心被販買、被觀看的一方，如女僕咖啡店的女僕，或是執事喫茶店的執事，是否會因「主從」的權力關係而受到剝削或傷害？同時也會讓人好奇，這樣的商店為何會出現？消費者期待從中得到甚麼樣的服務和回饋？因此我們分別邀請到研究女僕咖啡和執事喫茶的林穎孟和張瑋容，針對這兩個工作場域提出他們的觀察與分析。在〈COSPLAY 與夢想：女僕咖啡館的慾望邊界〉中提到，在女僕咖啡店工作的女僕，表面上必須在身體表演上付出許多功夫、並受到某些規範的約束，但另一方面，作者也指出，女僕也可以利用一些戰術策略，轉被動為主動來與客人互動。而在〈大小姐，歡迎歸宅！執事喫茶的妄想實踐〉中，執事喫茶店的男性服務生則成為被觀看的對象，為女性顧客提供情緒勞動，作者並且將女性顧客獲得愉悅經驗的方式分為乙女妄想和ＢＬ妄想兩種，具體描繪在執事喫茶店中的互動情況。

有鑑於近年來臺灣的腐女和BL文化逐漸浮上檯面，然而在論述分析上卻相對比較少見，因此我們認為有必要提供相關的學術研究，以作為分析討論的基礎。於是，有別於其他各章節，〈妄想的共同體：「YAOI」社群中的愛情符碼功能〉是此書中唯一保留學術論文格式的作品，將日本學者東園子二〇一〇年三月發表於《思想地圖》、針對腐女BL消費模式的研究論文，做一個完整的中文翻譯。對動漫研究有興趣的人，或許熟知日本學者東浩紀所提出的「資料庫消費論」，說明男性御宅族如何消費作品中「萌」角色。相對於東浩紀的資料庫，東園子提出腐女的「關係圖消費論」，並以社會學家魯曼的「愛情符碼」作為理論框架，形構出腐女消費／生產 YAOI・BL（二創）作品的面貌，以及如何從詮釋遊戲中得到樂趣。

最後單元「多層次的動漫性別政治」，我們希望談點更嚴肅的性別政治議題。

邱佳心在〈BL色情的承襲與威脅〉一文中，指出消費BL文本除了得到像上述東園子所描繪的樂趣之外，還可能具有更深一層的性別政治意涵。雖然BL作品難免複製了異性戀的二元性別特質，但另一方面，透過將男性身體（受方）女性化／陰柔化，然後將之放置於被觀看、被擺弄、甚至被強暴的位置，無非在諷刺著男性色情文本中常見的厭女情境，以這樣的扭轉，試圖顛覆父權異性戀的性別權力關係。

對腐女進行過訪談的作者劉品志，在〈腐女的入櫃與出櫃〉一文中，具體地舉例說明了喜愛禁忌之愛BL文本的腐女們的社會處境，並且使用了「入／出櫃」的同志用語，意味著腐女與同志社群都同樣面臨社會汙名化的困境，因而必須躲躲藏藏，於是發展出一系列的策略，以應對外界眼光並同時尋找認同。致力於同志教育的品志認為，這樣的受迫經驗可以讓腐女更有機會去省思多元性別的議題。

elek的〈正太控？BL？未熟的性魅力〉作為本書的最後章節，雖主題是在講「正太控」，但事實上在正太控當中所反映出來的多元性欲取向，正好貫串了全書主題。隨著時代、社群的不同，同樣的名詞（如boylove）也可能代表著不同的意涵，因此，對某些社群而言，相較於腐女喜愛的BL，「boylove」與ACG文化中的「正太控」更加接近。對「未熟的男孩」具有情慾的主體，或許比我們所知的更加複雜，且透過各種媒體科技（錄影帶、動漫、小說、電玩和網路等）的發展而不斷演變著，交織出各種性慾的表現。最後elek更點出了一個具爭議性的議題：在對未成年性欲的管制之前，或許我們可以先去思考「未成年」或「兒童」的概念、以及整個發展出來的保護配套措施究竟從何而來。

附註

註1 一般人可能常見「宅男腐女」的用詞，但是，我們並不預設喜歡萌系美少女的就一定是生理男，喜歡看男男戀作品的就一定是生理女。

註2 傻呼嚕同盟的成員所創並推廣的用詞「ACG」是日本動畫（anime）、漫畫（comics\manga）和電玩（games）的英文字首的縮寫，不過近年來有鑑於輕小說（novels）的盛行，並與ACG產業相互合作著，因而也有人開始使用「ACGN」一詞，或者再加上玩具（toys）的「T」。不過其實日本比較常用的是Manga\Anime\Games的縮寫「MAG」，ACG的用法僅在華文世界比較常見。

棄療入宅

棄療入宅之快問快答

快問快答，顧名思義，就是提出問題，然後邀請答題者不加思索、很快地、直覺地做出簡短的答覆。

於是，蒐集抱持著對御宅族有刻板印象的常見問題，邀請此書的部分作者、編者、或是受訪者以快速、簡短的方式作答。至於誰是誰，就請各位讀者在看完此書各篇章之後，再回頭試著去配對看看吧！

參加者代號：

（頭像僅供代號之用，並非作答時實際表情）

Q1 因為現實中交不到男女朋友，所以才會喜歡 ACG 嗎？

其實是因為想修煉火球術（認真）。

男女朋友是什麼？

可是我有結婚啊！我也有宅宅朋友有結婚啊！

說好不提三次元的。

我的個性古怪，但是跟有沒有喜歡 ACG 沒有關係。我相信只要有共同興趣的朋友很好聊。

我是迷傑尼斯的（也就是三次元阿宅），但我也不會想嫁給偶像啊！

對現實中的戀愛本來就沒什麼興趣，想到都覺得麻煩。

我交過四個女友唷！

Q2 現實和虛幻一定分不清楚才會去喜歡那些（二次元的）東西吧？

所以你一定不看電影囉？

我不確定你講的虛幻是指什麼，相信就是真的。

我很歡迎你做出四次元的動畫 ^_^

看花系列會比較現實嗎？

幻想是人類文明進步的推手！

比較常見到喜歡後才開始分不清楚現實與虛幻的現象吧。

BL 舞台劇《新社員》名言：如果現實人生不能像漫畫一樣，那一定是現實人生的錯！

這個去讀 Umberto Eco 論文學功能就不會這樣想了。

Q3 動漫宅宅——男的是怪大叔、女的是魚干妹？

你為什麼不去照照鏡子呢？

朝向怪大叔之路前進。

花心思打理注重的地方不一樣罷了，加上展現的場合問題。

金城武也是阿宅耶！

說這話的人一定沒在圈子裡混過。基本上大家的興趣就是 COSPLAY 普通人不是嗎？

好像也不能否認，但打扮不就穿爽就好。

很多腐女的興趣是打扮成名媛到 BELLAVITA 喝下午茶討論男人啊！

Q4 喜歡動漫的宅宅不擅長跟人搭話、人際關係也不是很好？

會說這種話的人，人際關係一定也沒多好。

ま，要看對象是誰、話題是什麼。

專業宅的確會有一講自己領域就停不下來又不解說的問題，就當眼前一堆ハンジ就好了。

所以才要從動漫中學習呀！裡頭有很多人際互動範本，真的。

Q5 看「這些」漫畫不會有不良影響嗎？

還不是好好活到現在了。

我覺得看每天播的電視新聞才真的有不良影響咧！

我倒是知道信仰國民黨會有很嚴重的不良影響，在極權國家生長會有更嚴重的不良影響。

有呀，東販《莫邊府戰歌》斷尾讓我好想去東販縱火，真是教壞囝仔。

Q6 宅宅都是魯蛇嗎？是不是社會適應不良才會喜歡虛擬人物？

一定是社會適應不良才會問這種問題。

這是有錢才玩得動的興趣，其實富家子不少喔！

大家只是合理選擇了不會有緋聞、不會老化劣化、個性穩定，不會令人失望的追星對象。

只會在 BBS 上酸臺灣女子哈洋屌取暖的才是正魯蛇。

社會適應不良是正常的事，只是大多數人假裝適應良好而已（這發言好中二）。

Q7 是不是都上網訂生活必需品，不出門購買？

我最喜歡出門買東西貨比三家，但又討厭去人多又擠的地方，除了販售會不得不搶本之外。

臺灣 OL、上班族不是最愛網路團購美食 & 淘寶集貨？

對不起，我超愛看實品再購物的，我一定不是宅，對吧？

Q8 哪來的時間看那麼多動畫？

又哪來這麼多時間看偶像劇、打球、逛街、打 LOL 呢？

不就是把吃飯喝茶的時間拿來同時看動畫？

不是的，這個是田野調查（正色）。

啊就沒時間呀……救命，好多名作都沒看過，與阿宅們會面都怕被嘲笑。

Q9 宅宅講到二次元的事情突然像是開關被打開了，會超級激動？

看有沒有戳到點。用民工漫來裝熟我只會翻白眼。

社會大眾講到別人的隱私八卦更激動吧！

每個人講到自己喜歡的事情，不論什麼話題都會激昂起來吧？

你還開得了對方的開關表示功力也不錯啊！

Q10 講話都用「ま」開頭？

用えっと開頭。

ま……差不多吧？（爆笑）

這不是開頭發語是回應的發語，應該是你先講了讓對方苦笑的話題吧！

對不起，連我都受不了這個 orz

Q11 是不是很花錢啊？

其實動漫就跟網路一樣是窮人娛樂，比較其他需要投注時間的興趣，大概只有慢跑更省吧！

我們在提升 GDP。

怎麼花錢要看人。

不會啊，本人偏好冷門路線所以花費很少。

看你是打算都買正版乖乖養你喜歡的作者，或著都看盜版免費。個人選擇。

花錢是好事，藝術的存續有賴良好的贊助、消費環境。

Q12 隨便說個動漫都很能琅琅上口？

沒這種事。每個人關注的範圍都有限度，要嘛廣要嘛深，很難全修。

再怎麼專精也不可能專精到這地步吧！

阿宅能夠出社會後持續宅，在臺灣差不多都成為業界相關人士了，就算不熟也都會懂基礎。

強力推薦去讀 Pierre Bayard《不用讀完一本書》，讀完你也能有這能力。

Q13 宅宅是不是都喜歡說些別人聽不懂的專有名詞？

都說是專有名詞了，當然要有一定的知識才能聽懂啊！

大學教授是不是都喜歡說些別人聽不懂的專有名詞？

你去看個醫生保證有更多專有名詞看不懂。

Q14 宅宅講起話常常自動演出漫畫情節（像是自己說完話被揍飛這種）？

你說呢？（眼神死）

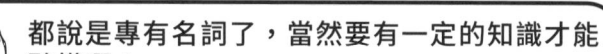

不是每個人都有演戲天分的啦！

這樣講話不累嗎？

有些人確實會這樣。（汗）

應該是他很有戲，跟他是不是阿宅無關。

一定要玩呀！不然何必入坑？

Q15 時常引用輕小說或是漫畫的對白？

看場合。講話不會用，打字比較容易引用。

我討厭吊書袋。（其實是自己記不住對白）

同好之間才會用，否則只是對牛彈琴。

這就是太年輕所犯下的錯誤啦！ XD

輕小說和漫畫就是這個時代的的共同記憶，就像星爺的電影也是。難不成還要引用論語喔？

「憧憬是離理解最遙遠的感情。」
（BLEACH，170）

Q16 宅宅都有中二病？

問這種問題的人才有中二病。

我以為每個人都應該有中二傾向。

你為什麼要說些別人聽不懂的專有名詞？

承認吧！每個人都有中二病，只是程度上的差別。

在阿宅身上就會被稱為中二病，在一般人身上會換個名稱，也就是青春期。

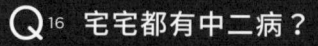

你不覺得這世界就是因為有人中二，才會有夢想與前進的動力嗎？

Q17 你看 BL，所以你是同性戀？

這跟「在學校教同志教育，會讓小孩變成同性戀、教性教育是鼓勵小孩性氾濫」一樣荒謬。

你看別人是同志就代表你是同志嗎？

本人已婚，還有一堆已婚腐女好友。

所以宅宅看 GL 也是同性戀嗎？

我倒是認識看 BL 但是恐同的，百人百樣吧！

Q18 是不是沒有男友才會喜歡看 BL？

是不是沒有女友才會喜歡看 A 片？（翻白眼）

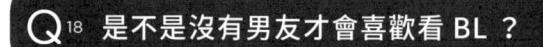

本人已婚，還有一堆已婚腐女好友。

我可以……不要有男友嗎？ XD

是看了 BL 而覺得不太需要男人來排解寂寞。

因為我的愛不需要現實的男人來實現。

Q19 你愛看這些，難道不怕交不到男友？

誰說腐女都是異性戀？ BL 就如同看電影或養寵物等個人興趣，不會影響到個人親密關係。

你歧視動漫迷，不怕交不到男友？

不可否認確實有影響，但很遺憾，不能接受這些事情的人也不在我的感情交往考量範圍內。

人生為什麼非得有男友不可？

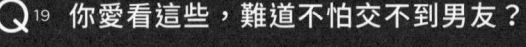

Q20 腐女是不是都很好色才會去看 BL？

女生為什麼不能好色？而且 BL 的內容、腐女觀看 BL 不全然都跟性有關。

不夠好色的我大概不適合回答這問題。XD

不美型的我根本興趣缺缺。

是這些男人自己太色了啊！我有什麼辦法？我又沒○○當然只能請別的男人幫我上他啊！

對啊，女人為什麼不能好色？這又是個家父長社會對女性的控制。

Q21 兩個男人攪基有什麼好看的呢？

與其看充滿男性中心／陽具至上的情色作品，兩個男男對女生來說當然好看多。

童顏巨乳的女星又有什麼好看的呢？

這我無法回答。XD

那乳搖又有什什麼好看的啊？

Q22 腐女看到兩個男體都會無條件冒小花嗎？

因人而異，重點是當事人對被拿來妄想的對象是不是有愛，或是當下有開啟他的妄想開關。

才怪！要開小花的條件可多著呢！

兩個男人不保證開花，有時候不是男的也能開花。

就算不是人類、不是生物，也是可以 BL 的。
這本來就是個從大腦內誕生的花園啊！

Q23 為什麼都不整理儀容或者剪頭髮？

本地男性不論興趣在哪都不注重外表佔多數。

所以我戴髮箍！不喜歡剪頭髮是因為定期要去剪好麻煩！

對不起 orz

Q24 宅宅通常坑疤臉，油性頭皮但又不仔細洗頭，只穿 Tshirt 不穿襯衫，襪子只有白色的？

因人而異，在當兵的男人也幾乎都會這樣。

有人就是五天不洗澡你也看不出來他髒，有人半天待在冷氣房就渾身臭汗。

我每天都有洗頭好嗎！

Q25 襪子應該都穿穿破腳踝的老襪子吧？

不一定，看裝扮決定。XD

只穿拖鞋為什麼要穿襪子？

Q26 房間床單一定印有蘿莉女角？

又不是每個人都是蘿莉控！

那種東西很麻煩。

沒有！（爆笑）

女性族群不是也有男友枕頭這種商品？

傑尼斯還會出等身大印著真人照片的浴巾……

糟了，那床單上印有 Hello Kitty 的人不就是……

Q27 宅宅隨身攜帶手持遊戲機？

有 iPhone 很怪嗎？

使用智慧型手機之前——是。

我搭捷運時看到人人都拿著智慧型手機玩遊戲。

Q28 喜歡聽的歌曲也是 Vocaloid 或是動漫相關主題曲？

近年動畫主題曲都是流行樂團，也不算特別奇怪。

許多動漫相關音樂是配合故事主題、角色心境量身定做的，比起一些靡靡之音有內涵多了。

不，我喜歡梁靜茹。（死，會不會被排擠）

Q27 非常喜歡音樂節奏遊戲，常常出沒臺北地下街，或是有其他有遊戲機臺的地方？

喜歡音樂的小孩不會變壞。

我喜歡節奏遊戲但沒有很強，加上我不喜歡大型機臺，所以沒這狀況。

警察先生，就是這個人！

某名七年級御宅族／蘿莉控的養成故事

文— fallengunman

蘿莉控就是戀童癖——所有告訴你蘿莉控不是戀童癖的人都在說謊。

為什麼說謊？因為這著實不是種值得驕傲的性取向。二〇一五年奧斯卡獲獎片《模仿遊戲》，以絕世天才圖靈的同志身分塑造其悲劇英雄形象；然而，假使他日要拍一部路易斯卡羅的傳記電影，實在很難想像編劇會試圖在劇中強調卡羅對幼女的不尋常癡狂。

於此同時，卻也很難說蘿莉控們不驕傲。蘿莉控是宅宅族群中最愛自損的一群人，鎮日把「FBI」、「犯罪」、「坐牢」掛在嘴邊，並由此滋孳出眾多 meme【註1】，例如成句「警察先生就是這個人！」、「蘿莉控不是人是禽獸。」、歪歌〈千本幼女〉【註2】或 4chan 著名的 pedobear【註3】。這些自損，實則就是自誇。如同中二病患對「罪人」一詞珍視不已，蘿莉控對於「犯罪預備軍」這一標籤也是恨中有愛：別人說不行、自己整天提。沒辦法，誰叫納博科夫《蘿莉塔》的體裁正是一部犯罪者的自白呢！本文也是一則自白——坐二而望三不遠的筆者，希望透過本文向讀者您分享一名七年級御宅族／蘿莉控是怎麼養成的。

長大後，一切都變了樣

幾乎所有御宅族都痛恨「卡通是給小孩看的」這句話，奇妙的是，這句話也為卡通帶來一種形式特殊的吸收豁免——幾乎所有小孩都看過卡通。

另一句御宅族痛恨的話「怎麼長這麼大了還在看卡通」，其中的潛臺詞即為「小孩看卡通是沒關係的」，有時甚至是家長予以鼓勵的行為【註4】。既然吸收、欣賞動漫作品是御宅族養成中不可或缺的要素，那麼其實可以大膽斷言——小孩都是培訓中的準御宅族，那些長大之後沒有成為御宅族的，是他們因為某種推力或拉力「脫宅」了。

這個假設與蘿莉控、或說蘿莉塔情結，形成了奇妙的對照。我第一個迷上的蘿莉角色，是 CLAMP《庫洛魔法使》中的小櫻【註5】。在臺灣，這部動畫約於九〇年代末的衛視中文臺首播。彼時我仍是個小學生，迷上劇中年齡相近的小櫻並不是什麼大不了的事，甚至還讓我和女同學間的距離拉近，因為我不像彼時的男同學一般更熱愛《灌籃高手》。

這就是御宅族與蘿莉控之間的奇妙對照。小孩看卡通不是應當譴責的事，男童喜歡上幼女亦然，如同亨伯特或愛倫坡無法忘記安娜貝爾，如同但丁無法忘記貝雅缇彩。直到年紀稍長後，一切才都變了樣。

原來這叫「蘿莉」

迷上小櫻數年後，在一本遊戲雜誌的 VOFAN 專訪中，我才首次認識到「蘿莉」一詞，當年尚未揚名日本的 VOFAN 擔任《天使帝國3》的人設，並主持一個名為「蘿莉自治領」的個人網站。那時喜歡動漫卻對御宅族文化懵懂無知的我，置身於一所無趣的升學學校，唯二的興趣便是閱讀遊戲雜誌和上網。除了「像小孩一樣看卡通」的「幼稚」標籤外，御宅族另一個討厭的標籤是「御宅族都不善交際」，但這個標籤若放到當年的我身上，倒也是不過不失。許多御宅族都本能性地抗拒被指控為「不善交際」，但至少就我的個人經驗而言，我願意承認這種關聯。我的確就是因為不善交際才未曾「脱宅」，在國高中階段，我度過了很長一段不知如何與他人來往的孤僻時間，不知如何開啟話題，也不知如何接話，而這種狀況，只有在連上線後才得以抒解。

七年級的御宅族約莫是臺灣第二批數位移民（第一批應是瘋玩BBS的六年級生），而我揣想我們的宅性深化過程，必然與網路脫不了關係。

在我為了尋找遊戲攻略而註冊的某個網路論壇中，我第二次看到了「蘿莉」一詞，並以此為開端，學習到了更多御宅社群的基礎知識，譬如「ACG」、譬如「紅色有角三倍速」、譬如「絕對領域」【註6】……各種我在線下生活中不會接觸到的事物。

跟上話題當宅宅

二〇〇〇年代的御宅社群流行著稱為「kuso」的臺灣特有網路文化，揉合了轉譯自日本2ch的當紅meme、動漫接梗比賽，以及周星馳電影的戲仿；中學時代的我著迷於kuso文化，部分是因為真心覺得有趣，部分則是為了打入這些網路社群而努力。雖然昭和時代的鋼彈動畫我一部都沒看過，雖然《新世紀福音戰士》我只有斷斷續續地跟完，雖然國歌〈鳥之詩〉的原作《AIR》在演什麼我也不清楚，但是只要勤於爬文做文獻回顧，終究能跟上話題。

事隔多年回頭省思，我的御宅化並非緣於沉迷某部動漫作品，而是受到想要「跟上話題」的社交驅力所鼓動。動畫很有趣，漫畫也很有趣，但以動漫為媒介結交同好，則是滿足了一種再好的作品也難以填補的人性渴望。

二〇〇四年的2ch共筆故事《電車男》，令當時的我在讀過之後神往不已，我認為，一定有許多像我一樣在線下生活中社交受挫的男男女女，透過成為御宅族而得到歸屬感，因而在《電車男》的故事中最憧憬的並非愛瑪仕，而是那一大群言必接梗、喜歡瞎鬧卻又無比溫馨的宅宅網友大軍。儘管多年之後，曾經流連的那幾個網路論壇都已土崩瓦解，我也不再視線下社交生活為畏途，並且覺得Komica一點也不有趣，但這種歸屬感仍舊保留著。

對自己誠實，不犯罪

不僅如此，當御宅族的好處也在於我能對自己的性癖誠實。說得驚世駭俗一些，當你是個蘿莉控時，你要不定期收看《Comic LO》，要不就只能成為罪犯了；如同當你喜歡開槍殺人時，為了避免最後淪為加入ISIS，最好還是趕快開始玩FPS吧！舉凡扣人心弦的故事、饒富深度的主題等等，都並非ACG的專利，在電影、戲劇或文學中一樣找得著。但對蘿莉控而言，卻有一項事物，是二次元之外的世界不可能（也不應該）給予的，那就是大量的 child porn。

立法者們與詮釋者們，長年以來在性交易與性產業利弊的主題上各持立場、征戰不休。然而若是說到 child porn，幾乎不可能有人站在公開相挺的一邊。身為熟女控、身為百合控或身為扶他控，縱使道與外人時可能有些不好意思，但至少感覺並不邪惡。身為蘿莉控，卻彷彿和這世界上最黑暗的性暴力與性剝削有了隱形連線，包括雛妓、包括童婚、包括東歐與東南亞的兒童性觀光、包括第一世界國家的各種地下室囚禁案。一個蘿莉控如我，如何能在保持對這些黑暗事物之反感的同時，誠實面對自己喜歡幼女的性癖？這精神分裂程度簡直堪比反戰反修憲法九條的軍武迷宮崎駿。

唯一的解套，還是只有反覆堅守想像與真實之間的分際，這也就是為什麼要說謊，為什麼要謊稱蘿莉控不是戀童癖，因為戀童癖聽起來太過「真實」。許多御宅族討厭外人將動漫描述為「虛幻的事物」，畢竟，我們從虛構的人物與虛構的故事中得到的感動，和從真實經驗得來的感動一樣真實。然而，唯有緊抓住動漫的「虛幻」不放，蘿莉控才可能得到一絲為蘿莉色情辯護的機會，讓 pedo 滅絕吧，但是請讓 loli 活下來。

最後想說的是，身為一個臺灣的御宅族／蘿莉控，我總覺得我成長在這個時空背景下實是幸運無比。許多人都主張御宅族在日本比起在臺灣更受到社會接納、更少蒙受污名，我不相信這種說法，反倒覺得，正是因為近年來「宅」在臺灣的語境中受到了大量的誤用和曲解，「宅」在臺灣已經很難說得上是種污名【註7】。於此同時，臺灣對於二次元蘿莉色情的管制程度，則是相近於日本而遠遜於歐美。我不相信「御宅族」在日本社會中遠離污名的程度及得上臺灣，也不認為歐美國家對 **child porn** 的取締深及動漫是件好事。因此，生在這樣的臺灣，我感到很幸運。

附註

註1 meme 一詞用以泛指各種在網路上爆紅、令人中毒一般轉貼討論的事物，在熱潮過後則會形成某種約定俗成的「梗」，例如二〇一二年在臺灣瘋傳的「淡定紅茶」。

註2 〈千本幼女〉改編自 VOCALOID 名曲〈千本櫻〉，由中國網民作詞和翻唱。連結：https://youtu.be/yrw_00s64TE

註3 4chan 是英語世界為重要的動漫網路社群之一，其網站程式碼源於日本 2chan，類似於臺灣的 Komica。pedobear 則是由 4chan 網民創作出的吉祥物，是一隻喜歡跟蹤小女孩的戀童癖熊。

註4 在臺灣這個長工時、為人父母又多半必須以雙薪養家的社會裡，放小孩去看卡通是一種綁住他們避免危險、又讓家長有時間在下班回家後喘口氣的優良行程。同理可類推為遊戲或漫畫或智慧型手機。

註5 我聽過不少同世代的BL／GL／師生戀／人獸戀愛好者，同樣聲稱《庫洛魔法使》點燃了他們心中的這些火花。

註6 當時的「絕對領域」還只是用以描述AT Field，沒有現在「裙襬與長襪間露出部位」的意思。

註7 如果連離御宅族最遙遠的棒棒堂男孩都要自封「宅男塾」，「宅男」的貶意還剩得了幾成？

從「同人女」到「腐女子」

文—千翠

在認識的同人女／腐女子圈子裡，文筆更好、活動與交流都更活躍的前輩比比皆是，要談這個主題，總覺得有些資格不足。但是好像一直沒多些人來寫，再拖下去，人類不可靠的記憶力大概會讓我在開始犯老人癡呆症時更是寫不出來；只好斗膽下筆。

只是因為愛

「腐女子」這名詞在二〇〇〇年前後傳進臺灣來的時候，其實包含我在內，有不少「男男愛好者」、「女性向同人女」或「少年愛愛好者」，對這個名詞頗有抵抗心理。儘管客觀看來，我開始閱讀有BL元素的作品年紀是六歲（！），怎麼解釋大概也很難讓人相信我不是腐女子；但直到現在我依然在對外自稱「腐女子」時會感到不太自在。這種不喜歡自稱「腐女子」之微妙心理狀態，最直白的解釋可以套用某位同好學姊的話：「我喜歡看兩個男人談戀愛很正常，有什麼好腐敗的！」

腐女子這名詞正式在臺灣傳開、並逐漸被大部分愛好此道的女性所接受之前，「我們」這所謂愛看兩個男人？（容我在這裡使用問號，畢竟依內容與主題，有時候戀情的主角們會超越物種、甚至超越生物的範疇，比如地板與天花板之類）談戀愛的族群，是怎麼稱呼自己的呢？嚴格來說，在腐女子這個名詞逐漸成為普遍性的認知之前，在臺灣，其實並沒有一定的稱呼。

臺灣第一波的少年愛風潮約莫發生在一九八六到一九九一年前後。這時候臺灣出版的日本漫畫，都還是盜版。在那個年代，一本漫畫可以從書皮到前中後三段分成四種不同畫風，明明是不同作者的作品，但卻被塞在同一本漫畫，並只標明一個中文名字的作者。此外，因為當時國民黨政權強調健康國民，而「健康的男子是不會留長髮，留長髮的不是混混流氓就是女人」，所以漫畫裡的男主角第一集是短髮（因為要送審），然後下一集又恢復為長髮。又因為「日本是萬惡的侵略國，正義的國度是不會有日本鬼子的文化出現的，只有日本家電可以」，所以漫畫中的所有角色都有著中文名字。

於是，在那個北島麻雅還叫做譚寶蓮【註1】的年代，對喜歡竹宮惠子的《風與木之詩》或萩尾望都的《天使心》【註2】的讀者而言，亦是個令人感到困惑不已的歡樂年代，因為作品裡的角色明明用的是女性名字，第三人稱亦寫作「她」，但卻就讀於男校！儘管如此，少女們對同性情誼的嚮往依然超越了盜版漫畫的各種超譯，用愛看懂了一切。

女孩的男男漫畫這樣來

當時臺灣的漫畫出版社為了讓每一本漫畫更厚一點、出更多本一點，好賺少男少女們更多零用錢的心理，終於和當時那些在漫畫出版社內工作、默默無名的少年愛的愛好者們達成了一種神祕的共識。這到底怎麼發生的？儘管現在已經難以考證當時出版社內部的決策過程，不過，就結論而言，大概可以說，臺灣第一次的少年愛風潮，就是從當時發行盜版漫畫、書背上印著「金歡樂」的伊士曼出版社【註3】所出版的《聖鬥士星矢．金歡樂版》開始（約一九八七年至一九九一年前後）。

從一個當時六歲小女孩的觀點來描述，就是某天走進漫畫出租店想租套新書來看，而櫃檯老闆推薦了《聖鬥士星矢》，「這個漫畫很受歡迎耶，最近店裡的大帶小帶（VHS

／beta錄影帶）也租得不錯喲！」小女孩很爽快，一口氣租到最新一卷回家，躲著爸媽在房間裡面偷偷地看起漫畫。前半本都是少年JUMP【註4】系（當時還沒有這名詞）的熱血打鬥，後半本呢，這些前面在打打殺殺的大哥哥們突然很要好地喝茶、抽菸、談心，旋即蓋被子聊天了！當時很坦率地用「反正他們大概和好了吧」解釋給自己聽，一本一本看下去。隔週上學時，那個篤信基督教的班導師在班上發了小傳單，一邊讚揚神的美好，一邊努力宣導愛就是一男一女的時候，小女孩只覺得奇怪，明明漫畫裡面的大哥哥們都很要好啊，那也都很美好啊，有什麼不對的？於是這世界上又多了一株未來將在秘密花園盛放的幼苗。真是可喜可賀啊！

簡而言之，由於當時盜版的出版社神來一筆，將日本集英社出版的《聖鬥士星矢》原作，和其他日本商業出版社出版的聖鬥士星矢同人誌合集，兩本併一本，前半是原作的聖鬥士，後半卻是日本眾家少女嘔心瀝血的同人誌傑作選，就這樣在臺灣二合一發行。於是當時讀者就這樣看著前半本打打殺殺、後半本脫線搞笑兼蓋被子聊天的故事。另外伊士曼出版社與當時也正方興未艾的臺灣漫畫家們多有交好，所以還可以看到游素蘭、高永等人的跨刀助稿，繪製聖鬥士星矢的同人作品。直到現在這套盜版的《聖鬥士星矢》在某些收藏者心中依然是珍品，對臺灣目前三十歲以上依然活躍於漫畫創作的人而言，這套出版品是大多數人共同的記憶，亦可說是早期同人女的啟蒙書。

一九九〇年代，漫畫出版社逐漸改弦易轍，放棄盜版、轉向正版授權漫畫【註5】。小女孩步入少女時代，慢慢認識到，原來一本漫畫大多只有一種畫風、一位作者，過去看的聖鬥士那後半本，原來叫作「同人誌」，而日本漫畫家高河弓與CLAMP筆下許多長髮飄逸的角色，其實男得如假包換（早年那一大堆「她」很容易誤導人）。更重要的，在漫畫的世界裡，兩個男人也可以談戀愛。

升上國中後，女校裡的國文老師講述中國古代文人間的情誼時，總是諧謔地說「感情這麼好，老婆都不要了」，這時少女總好奇是否真是如此。圖書館架上白先勇的《孽子》，裡面所描寫的似乎又是另一種男人與男人的世界。隨著版權時代來臨，在那一整年盜版絕跡、正版尚未進場的過渡時期，幾乎都沒有中文翻譯的日本漫畫可看。我們同學太飢渴，甚至合資購買日文的連載雜誌看圖說故事，只為了看到《聖傳》最終回連載（然後夢碎）。

同人創作與同人社團的興起

接著，各種「漫畫便利屋」、「漫畫專賣店」雨後春筍地開張，店裡不只賣漫畫，還賣了紙、筆、網點等作畫用具，其中有些店面甚至會讓常客擺放自己畫的圖，或裱框、或用資料夾裝成冊，任人翻閱，冊子裡留著白紙，讓讀者寫或畫下感想與留言。當時狂熱動漫畫的同好之間小小的嗜好，臺灣最早的同人創作交流方式蔚然成風。

在這樣的風潮下，一批臺灣的動漫畫愛好者開始嘗試讓自己的圖或文字跨出那本資料夾，用影印或印刷的方式集結成冊，原創與二次創作都有。然而，當時印刷「本」是一種建築行為——印大量卻賣不完，只好堆砌庫存。

日本Comiket的創始社團多為女性組成，無獨有偶，臺灣最早的同人創作社團也是一樣。當時的社團「地平線」的社員中，愛彌兒、王宜文、沈蓮芳、張英、黃佳莉與星亞等人後來陸續加入商業漫畫領域，其中有些人的作品至今仍活躍。該社團還有一位成員，後來成為臺灣第一位以漫畫作為研究主題的同人女學者——李衣雲，將漫畫領進臺灣學術研究的窄門。

另一個名氣比較大的社團，是以孔德儀、TT麻亞和咎井淳姊妹為主的「C．A．T」，咎井淳目前在商業BL漫畫、美國商業漫畫領域均非常活躍，團體中許多成員依然會出現在CWT或FF會場上。

認同與差異的名稱之爭

一九九〇年代前半，正好也是臺灣學術網路ＢＢＳ站開始興起的時期，吸引許多純文字創作者在網路上發表創作。其中「陽光沙灘」（後併入ＰＴＴ）、「夢之大地」（現不存）、「依莉琴斯」（現在是ＷＷＷ論壇）等站點，當年都曾有集聚許多同人創作者。或許是想挑戰社會價值觀、或許是原本閱讀的嗜好、亦或許是欲藉由同性戀情來追求更純粹的愛，基於各種原因與理由，這些在紙本或ＢＢＳ介面上進行同人創作的女性愛好者，借用了日本的名詞「同人女」來稱呼自己，成為臺灣這些興趣相近的族群當中，第一次比較多人共同認同的稱呼，甚至至今仍是不少女性同人創作者自我認同的標籤。

當時圈子內無論是創作者或讀者，頻繁地認真討論創作題材和身分認同等主題，前文提到的「男男愛好者」、「女性向同人女」或「少年愛愛好者」等名詞，也都是在這段期間出現的。或許，是為了區分彼此間的差異，只是單純追求自我滿足，總之，這個年代的少女們下了不少工夫思考該如何稱呼自己，當然，少不了筆戰與口水戰。

同人誌販售會發展期——心智滿十八歲

一九九五、一九九六年前後，隨著大量版權漫畫出版和第四臺的開放，動畫頻道「首華卡通」開播（沒有取得正式授權，播放的多為盜版或日本電視台播放時的側錄），動漫畫撲向更廣闊的大眾，新血注入同人創作與交流，日漸興盛。

如同日本的 Comiket 交流販售會一樣，臺灣的創作者與讀者開始集結起來，從同好自辦、商業單位代理主辦，展開臺灣同人誌販售會的發展期。

印製本子依然有很高的風險會是「建築行為」（堆積成山的庫存）而不是交流行為，卻絲毫澆不熄參加者的熱情。

這段時間的販售會與 COSPLAY 活動都還在發展與嘗試期間，有不少行為以現在的眼光看來，或許會是相當驚人、甚至不被允許的，比方說：穿著角色服裝騎機車趕場、同好一見面就直接在攤位前聊起天來一站兩小時、散場後二次會從麥當勞轉戰公共地下道或車站候車區、坐在階梯上分享戰利品等等。這些行為現在大多會成為所謂的違規項目，但由於參加人數不像現在這麼多，社群還在磨合彼此期待的規範，因此其實算是相當常見的。

以現在的眼光來看，最嚴重的違規項目，大概就是所謂「十八禁」了。參加者多為高中生和大學生，寫的人、畫的人、買的人，個個在法律上都屬於未成年，但是同人誌販售會上，無論男性向或女性向，描寫「性」的本子可從沒少過。當時場上流行所謂「心智滿十八歲」的戲謔說法，可考的十八禁作品創作者，最低年齡是小學三年級——我親眼看到創作者擺放在當時交流地點 esp 唱片行【註6】的手寫小說，寫在國小的作業本上，還附上了自我介紹。

這批早期的同人創作者如今或許皆已成家立業，他們現在對於同人場上販售十八禁作品到底持何種看法，想必會有非常有趣的答案吧！至於我自己的看法，是否創作或閱讀十八禁作品，以及閱讀之後是否會有影響，其實跟讀者是否成年一點關係也沒有。裸露或性描寫的作品就只是裸露或性描寫，各人的生長教育環境培養出的邏輯，才真正影響看待的方式。「十八禁」題材反映出的，一直是我們自己的心靈啊！

同人創作的自我規訓與多元化

接下來的二〇〇〇年代，就是目前大部分動漫畫、二次創作、COSPLAY 等的學術研究論文都會提及的時代了。

「腐女子」這個名詞從日本來到臺灣，同人創作圈開始大幅膨脹。開拓動漫統籌辦理同人誌販售會、商業販售、動漫畫宣傳活動和邀請配音員來臺的見面會等相關活動，大量的純讀者湧入，「同人女」這個稱呼偏重創作方，終於無法成為全體認同的標籤，逐漸被「腐女子」所代替。

然而，腐女子一詞也僅僅能表示「認同這個標籤的人對同性（尤指男性）戀情有興趣」而已。

每個腐女子的喜好、個性、思考方式都不同，腐女子文化一直都是十人十色，難以分類。近期臺灣也開始接受日本已經存在多年的「女體化」創作體裁，將原本兩名男性為主的BL故事再行翻轉，將其中一名（通常是受，但也有例外）角色再次翻轉成女性，創作出異性戀皮，BL骨幹的故事，讓臺灣的腐文化（目前最大公約的認同名詞）更加豐富與深化，持續反映出臺灣女性的變化。

此外，隨著媒體開始大量的對此圈子進行無責任的側寫，過去零星發生的誤解與衝突問題也逐漸檯面化。隨著媒體曝光增加，同人場內創作團體的自我整肅也漸次展開，為了保持形象，或是符合社會大眾觀感，場內對於十八禁題材創作的自我規制開始嚴格化，近年各主辦單位也會主動提供十八禁的標示貼紙給各攤位貼在刊物上。自二〇一〇年代以來，十八歲以下的創作者也少見性描寫題材。這到底是遵守道德？亦或是面對社會規範的自我規訓？自然也是見仁見智、各有所感。

不過，就同人販售會開始自我規制創作者對性描寫「公開呈現」這點而言，或許也算是藉著對外界展示自我規訓，打開內部的創作自由。目前並沒有正確的調查數據可以證明，但以經驗觀察來說，腐女子系的創作內容中，性描寫與性別意識的開放尺度都大為增加，對於作品中展現的男性美也不再只停留在過往的「少年愛」領域。近年較受歡迎的圖像風格，雖然仍以少女漫畫風格的美形臉孔為主，但在肉體上的描寫則傾向寫實男體，對肌肉與陽具的描寫也不再躲避，也有創作者開始往以男性讀者為主的 GAY 漫風格靠攏，故事主角也不再只是美少年，各種年齡、社會階級、職業等的描寫都比過去更加多樣化。

近年來，網路的發達更是改變了紙本販售以外的交流模式。隨著網路閱讀風潮興起，現在的同好交流除了現實世界的同人誌販售會、作品主題茶會、腐女子的下午茶讀書會等等之外，在網路上的活動，只要有多語言閱讀能力，各種跨國界的粉絲活動或創作活動更是繁花似錦。

現在腐女子無論是住在北部或南部，都有機會參加各地方舉辦的販售會，可以更自由地創作刊物，或純粹當個讀者。在網路世界可以隨意地漫遊 Tumblr、Pixiv、Plurk、Facebook，只要擁有能溝通的語言，他們可以與任何一個國家、擁有相同喜好的人交流，不再被現實的距離限制。儘管這也可能更加擴大盜圖、抄襲等問題，但也擴張了交流的深度廣度。

臺灣的腐文化發展到現在，除了二次創作的靈感來源已不再僅限於日本動漫畫、從臺灣的金光布袋戲到歐美電視劇無所不包；各種自費或商業出版社出版的原創出版品題材更是從常見的帥哥配對，乃至老天爺與水庫、天花板與牆壁（！），各種不同的表現形式讓人眼花撩亂的同時，身為腐眾一員同時對社會學有著關注的我，除了享受作品之外，也正在思考——最初無論是為了挑戰愛情的本質而創作、或是為了享受解放感而閱讀這些作品，我們女性本身，又有什麼改變呢？我們是否和我們所閱讀的、創作的作品一樣解放了？或著只是另一種逃避與規訓？我想這是需要隨時和自己與作品進行對話來檢證的。

附註

註1 《玻璃假面》在還是盜版漫畫《千面女郎》時女主角所用的姓名。

註2 《風與木之詩》和《天使心》皆為一九七〇年代的少年愛代表作品。

註3 後來正式版權年代叫做大然出版社。

註4 日本集英社於一九六八年創刊的少年漫畫週刊《JUMP》，連載漫畫內容多以少年主角的運動、格鬥或冒險故事為主題。

註5 一九九二年著作權法修正後，漫畫出版社開始出版取得日本出版社授權的正版漫畫。

註6 原址是現千業影印行所在大樓對面二樓，現為公家機關大樓。

百合群像

文—楊若暉（半成品）

什麼是「百合」？

所謂「百合」，簡略而言，就是女性間的同性愛——一般的ACG讀者只要知道這樣就夠了——但在ACG的百合圈子裡，要對百合一詞下定義，並不是件簡單的事情。

廣義而言，百合泛指女性之間的情誼，可以是友情，可以是愛情，守備範圍再廣一點，親情也可以算進去。狹義的百合，則是「友達以上、戀人未滿」的境界。廣義狹義何者才是真百合，在百合圈子裡爭論不休，光是百合的定義就可寫篇千字文，至於百合和GL、女同性戀有何異同，更可謂一言難盡，真心建議各位別去問百合控。

「百合」一詞，是近十年來才在臺灣AC

G界風行的詞彙。早些年還沒進入網路時代，臺灣的ACG讀者慣以「女女」或「GL」代稱ACG作品中的女性同性愛。「百合」對臺灣ACG讀者而言是個很新的詞彙，但在發源地日本，「百合」一詞可溯至一九七〇年代。當時男同性戀雜誌《薔薇族》有一專欄提供給女同性戀，題為「百合族の部屋」（百合族的房間），雜誌編輯長伊藤文學提倡以「百合」譬喻女同性戀，作為《薔薇族》雜誌以「薔薇」譬喻男同性戀的對照語而定名之，一說此事便是薔薇象徵男同性戀、百合象徵女同性戀的由來。「百合」在日本就這樣成為指涉女同性戀的隱語，後來也為ACG界用以形容ACG作品的女性情誼。

進入網路時代以前，一九九〇年代的臺灣ACG讀者接收日本ACG訊息的方法是閱讀實體書如漫畫雜誌、單行本或出版社自行發行的簡報及平面媒體相關報導，其訊息大抵都經過出版社或報社的篩選，此時ACG界雖然有「女女」或「GL」的認知，但「百合」一詞可能太過隱諱而沒有為臺灣ACG出版業者所傳播。

臺灣ACG界對「百合」乃至其迷文化產生認識，主要是倚靠網路進行跨國傳播，而首功當推設站於中國的「百合會論壇」網站。「百合會論壇」創立於二〇〇四年，直到今日都是華人百合控最大的社群網站及百合資源的集散地，「百合」一詞也有相當程度是因著「百合會論壇」之名才在華文圈普及開來。

有意思的是，「百合會論壇」名稱的發想，並不是刻意以百合為名，而是依據二〇〇四年開播的動畫《瑪利亞的凝望》，主角所屬的學生會名稱「山百合會」而來，最初的論壇名稱為「山百合會論壇」，不久後與其他組織撞名而變更名稱。今天華文圈的百合控流行以「300」暱稱「百合會論壇」，就是「山百合會」之簡稱「山百」的遺緒。

百合的系譜

說到《瑪利亞的凝望》，想必許多不看百合的ACG眾也有所耳聞，倘若票選百合經典，華文百合界的首選應是《瑪利亞的凝望》。

《瑪利亞的凝望》在日本固然也屬名作之列，但其聲望在華文百合界如此之高，乃與「百合會論壇」的創立有密切關聯。事實上「百合會論壇」創立年的二〇〇四年所推出與百合有關的動畫作品，都取得了「百合經典」的地位，《神無月巫女》、《舞—HiME》即在此列，但《瑪利亞的凝望》的「經典程度」又在二者之上，這是由於「百合會論壇」的管理組織脫胎自《瑪莉亞的凝望》第一季動畫的討論群組，歷史的偶然促成《瑪莉亞的凝望》登上華文圈百合文化第一部經典作品的寶座。

「百合會論壇」作為跨國文化傳播推手，無意間形塑了華文百合界的典律，也使華文百合界對百合作品的認知，大多是在「百合會論壇」創立年二〇〇四年之後。（《美少女戰士》、《少女革命》等少數一九九〇年代作品獲得回溯採認，可說是作品長久不衰的高人氣方得以跨時代地為讀者所記憶。）百合文化的源頭日本，其百合系譜實則更長遠，且不同於華文百合界多以動畫作品作為座標，日本的百合系譜由小說、漫畫兩個脈絡組成。

日本百合作品最早源起大正、昭和時代的少女小說。少女小說先驅者吉屋信子的《花物語》可說是百合小說的始祖，但當時還沒有「百合」這個詞彙，這類描繪校園女學生情誼的少女小說，以戰前舊制高等女學校裡學生之間姊妹情誼（sister）的頭文字S（エス）來命名，稱之為エス小說。

エス情誼在戰後因女學校的解散，以及男女自由戀愛的日漸常態化，逐漸失去舊有的社會情境而走衰，也使得エス小說難以存續，但女性情誼的描繪仍在少女小說這個文類保存下來。ACG眾大多將之歸類為輕小說的《瑪莉亞的凝望》，就是承繼少女小說的脈絡而來。值得注意的是，《瑪莉亞的凝望》將故事舞臺設置在古老而封閉的莉莉安女子學園，以及學姊學妹之間締結 soeur（法文，指「姊妹」）關係等設定，可以說《瑪莉亞的凝望》就是一部平成時代版的エス小說，只是今日易名成了「百合」小說。

百合作品另一個脈絡則是少女漫畫。常見的說法認為少女漫畫的始祖作是手塚治虫一九五三年創作的《リボンの騎士》（臺譯「寶馬王子」），且不細究少女漫畫的起源，可以確定的是少女漫畫約於戰後一九五〇年代開始發展，一九七〇年代出現長足的進展，一批約於昭和二十四年（一九四九年）前後出生，被稱為「花之24年組」的少女漫畫家們開始引領日本少女漫畫界。

稍有涉獵日本漫畫史的讀者對「花之24年組」應當不陌生。談到少年愛漫畫的起源，必然會聯想到「花之24年組」萩尾望都的《トーマの心臓》（臺譯「天使心」）以及竹宮惠子的《風與木之詩》，相較之下，很少人知道少女愛漫畫的起源，同樣可溯至「花之24年組」，也就是山岸涼子於一九七一年創作的《白い部屋のふたり》（白色房間的兩人）。山岸涼子之外，同屬一九七〇年代的當紅漫畫家池田理代子也有一九七四年創作的《おにいさまへ…》（臺譯「青蘭圓舞曲」或「青澀花園」）描繪著少女愛。

基於某些我所不知道的原因，一九七〇年代的少女愛漫畫終被歷史所遺忘。提到少女愛漫畫，今日的百合控率先想起的應該還是一九九〇年代橫空出世的武內直子《美少女戰士》。《美少女戰士》並不是描繪少女愛的漫畫，但其中的角色天王遙與海王滿，兩人之間曖昧的情愫引爆了百合性質的同人誌創作風潮。當時投入《美少女戰士》衍生創作的百合同人漫畫家，如今多位成為職業的百合商業誌漫畫家，如森永みるく及林家志弦。

或許是這些受到《美少女戰士》啟蒙的百合創作者及讀者醞釀了龐大的力量，二〇〇三年六月日本第一本百合漫畫專門誌《百合姉妹》問世，百合作為ACG次文化的一支邁入了新的里程碑。

說到這裡，我們可知百合作品是由少女小說及少女漫畫所構成，顯然百合作品的目標讀者都是女性，但問題來了，為什麼印象中都是男生在看百合呢？

誰萌百合？

描繪男性之間情誼的BL作品，主要讀者是女性，這些女性迷群還有個專有名詞「腐女」用來自稱及指稱他們。腐女喜歡BL，這件事在ACG界已經是常識，那麼相對的說，描繪女性情誼的百合作品，主要讀者應該就是男性了吧？

臺灣最大的漫畫出版社東立公司，二〇一〇年推出「百合姬」專門書系，囊括東立代理進口的日本百合漫畫，官方網站的廣告標語如此對這個新書系開宗明義：「『百合姬書系』定義：以Girl's Love（女女戀）為故事主軸，主要目標讀者為男性讀者。」

出版社龍頭如此掛保證，正反映了臺灣ＡＣＧ圈以為百合是男性讀者居多的刻板印象，然而，事實卻並非如此。我作為百合文化的長期觀察者兼二次創作者，從實際經驗中發現通俗印象與現實狀態有嚴重落差。我所參與研究過程中所認識的百合同好也好、所屬社團的百合同人作品消費者也好，包括長期觀察華文圈最大百合網路社群「百合會論壇」在內，所得出的結論都是相同的：百合迷群的組成以女性居多，男性僅是少數。

基於個人經驗可能有所偏頗，我在二〇一一年著手網路問卷調查，並藉二〇一四年三月臺灣舉辦華文圈第一屆百合 only 場同人誌販售會，進行實體問卷調查。根據兩次問卷調查的結果皆顯示：認同自己是百合控、百合同人創作者以及百合作品的消費者，以女性為主。

網路回收有效問卷達八百一十五份。實體問卷以販售會的一百零八個擺攤社團為調查對象，共回收七十七份有效問卷。在此受限篇幅無法細說問卷數據，僅以百合控認同為例，網路問卷中自認是百合控的女性是男性的六倍，實體問卷的男女比例更懸殊，自認是百合控的女性是男性的十三倍。

這樣的調查結果恐怕顛覆不少ＡＣＧ眾對百合控的認知，但百合圈子內早就知道通俗印象中「百合控多是男性」跟事實不符。其實百合作品由少女小說與少女漫畫共構而成，本來就以女性為目標客群，百合作品的迷群以女性為主，就邏輯來說是相當合理的。

或許有人要問，明明有很多男性看百合啊？總有男性百合控吧？有，但屬於少數。事實上有許多男性閱讀百合作品，但這些男性讀者並沒有自我認同為百合控，二者應該要區分清楚。至於百合控男性及非百合控男性如何又為何閱讀百合，那就要另闢專章來討論了。

與此同時，我的問卷對象皆為華文受試者，只能證明華文圈的百合控以女性為主。應該加以說明的是，日本百合界的狀況與華文百合界不盡相同，日本的百合漫畫商業誌及同人誌的創作者固然以女性為多，根據許多百合創作者的觀察，消費者卻以男性為主要族群。究竟這樣的觀察是否也是囿於日本自身的刻板印象而來，尚待日本的百合研究者解惑。

之所以成為百合控

雖然知道萌百合的迷群其實多是女性，但為什麼女性要看描寫女性同性情誼的百合作品呢？如果喜歡看男男戀的女性，多數是異性戀女性，那麼喜歡看女女戀的女生，應該是女同性戀吧？會讓人有這樣的直覺聯想也是難免的，但認定女性百合控都是女同性戀，那又是新的誤解了。

就像前文所言，廣義的百合涵蓋範圍相當廣，包括愛情、友情甚至親情。如果細究當今流行的百合動畫，主打女性愛情的作品實屬少數，前文述及如《美少女戰士》、《少女革命》、《瑪莉亞的凝望》、《神無月巫女》、《舞—HiME》，五部作品中明確指出兩名女性角色有愛情關係的，只有《神無月巫女》和《舞—HiME》，其他作品的女性角色間雖然有深刻的情愫，仍描寫得相當隱晦曖昧。

二〇〇四年以後，華文百合界中人氣較高的百合動畫，如《魔法少女奈葉》、《K-ON》、《天才麻將少女》、《魔法少女小圓》、《輕鬆百合》，都屬於描繪友情與羈絆的作品，並未強調角色之間的愛情情愫，反倒是主打女性戀情的動畫如《青之花》與《輕聲密語》，並沒有受到多數百合控的青睞。

描繪愛情的百合作品所能吸引的百合控或許以同性戀女性為多，但實際上受歡迎的百合作品卻以非愛情類為主流，顯示異性戀女性在百合世界也有很大的空間。

百合文化的成形，並非單純反映ACG中的女同性戀文化，更可能是因為百合作品關照到女性的需求，促使不分性向的女性都能成為百合控。

當然，性向各異的百合控，閱讀百合作品的需求可能各有不同，異性戀百合控或許滿足於少女之間的親密友情，而同性戀百合控還是希望看到角色終成眷屬。二者仍有共通點：追求一個女性自在的空間。在百合作品中，女性是主角，女性主角可以大展身手，女性可以與同性成為至交好友，女性可以不再成為男性慾望的客體。

ACG的主流體裁是男性為主角的少年漫畫，強調男性的友情、努力、勝利等元素的冒險文類，在這類作品中，女性角色多半面目蒼白，宛若花瓶，或者成為男性角色意淫的對象。以女性為主角的少女漫畫，則受限於戀愛題材，無法發揮才能，還要跟同性爭奪男人。上述情況在近十年來有所改善，但也就在這段時間之前，有一部分女性讀者在ACG作品中尋找女性可揮灑才能的空間、追求女性情誼的正面價值，而這些女性讀者就成為百合迷群的預備軍。

女性之所以喜歡百合，之所以成為百合控，是因為在百合作品中能得到情感上的滿足，如友情與愛情。也因為女性躍居主角之後，女性不但可以成為救世主，也得以由「女性特質」的束縛中解放出來，展現女性（本來就）多采多姿的性格與才能。

相對於在少年漫畫中濕身、露內褲，和跌倒在男主角身上，百合世界還給女性自在而友善的空間，在那裡，女性之間有親密的友誼，可以為共同的目標奮鬥，而且不需要竭盡心力只為了得到一個男人。

對談！
百合少女 vs. Socotaku

整理— elek

「貓品」是由淺色貓與半成品這對雙胞胎姊妹組成，七年級前段，自小漫畫不離手，半工半讀的夜校高職與大學時期，忙碌奔波也未曾間斷。

Socotaku 的四位成員則是從七年級中段迤邐到九〇後，多屬「半路出家」的宅宅。

由他們組成的一場午後對談，貌似南轅北轍的動漫愛好者彼此激盪，我們才發現性別與性的差異，在接觸漫畫與動畫的歷程中，不但形塑了自己的樣貌，更是我們與動漫作品間的紅線。

推開百合這扇門

早先貓品二人熱愛BL漫畫，網路和動畫

接觸得晚，但一發不可收拾，尤其百合會論壇【註1】更讓兩人推開「百合」這扇真理之門。後來半成品罹癌，化療期間硬是把《魔法少女奈葉》看了三遍，《美少女戰士》的動畫兩百話全補番，還有《十二國記》陪伴住院生活。

消費日本ACG文化的臺灣觀眾，用該文化中的類別去分類人已十分上手——你是腐女，他是蘿莉控，班上那個誰私下扮偽娘正翻了——這些名詞當標籤用，方便我們辨認彼此的興趣所在，不需明說性欲取向，同道中人就能心領神會。

通常比較少談到的是探索這些標籤的過程。標籤就像衣服，套是可以套，卻不一定合身；合身的版型穿來自在，也能恰如其分突顯自己試圖強調的部位，那種如魚得水的感覺，足以驅使我們，追究關於自身性欲的真理。

貓品就直言，從腐女轉向百合控，跟性取向與認同轉變的時間點，若合符節。一九九〇年代，BL漫畫為兩人營造了凝視、欲望男體的契機，胸肌、腹肌、屁股都那麼堂而皇之地展現，況且不獨男生的生理反應，源於少女漫畫的敘事方式，也為男生之間的相處增添一層心理深度。這個時期，百合作品尚未進入臺灣，潛在百合愛好者可能有不少混雜在腐女之間，就跟貓品一樣。

於是，二〇〇七年接觸到百合相關作品與論壇後，貓品的動漫重心大幅轉移過去，他們在百合作品中找到屬於女性的生活空間。「友達以上，戀人未滿」（且不含色情）的百合作品裡，女性終於擺脱添亂的男性，不必競爭「後宮」【註2】地位，得以好整以暇地發展女孩間的關係。

隨著愛戀與性的張力撐大，異性戀女性撒手，同性戀女性接過來，找到投射自我的坑口，譬如以愛情為主題的《青之花》和《輕聲密語》，動畫銷售平平（漫畫還可以），但評價頗高。

「女性缺乏屬於女性的冒險文類。」淺色貓補充。反觀純男性的冒險故事汗牛充棟，福爾摩斯與華生之間「絕口不提愛你」，兄弟會賤斥娘娘腔，卻往往一邊追捧陽剛氣質一邊相互抽插。對於情欲流動，男性間每每緘默或撇清，反觀女性情誼更能兼容欲望與性。要好到想獨佔對方、嫉妒跟對方交好的人，這在男性情誼裡站不住腳，女性情誼卻固有這種游移與曖昧。百合作品補上這塊缺憾，包括貓品在內，被「喚醒」的讀者所在多有。

「百合控是以女同性戀為主，BL（的讀者）是以異性戀為主，這點沒有疑義。」半成品篤定地說。二〇一二年，半成品曾對批踢踢實業坊的GL（百合）板和BL板、百合會論壇及Facebook動畫相關群組投放網路問卷，翌年前往華文圈第一場百合only同人誌販售會《百年好合》發放紙本問卷，兩次的結果都指向「百合控的女性遠多於男性」，創作百合同人誌的女性約為男性的九倍。

弔詭的是，同人誌販售活動和漫畫出版社竟時常將百合作品歸入男性向。半成品在他的書《少女之愛》裡，提出細緻的解釋。說穿了，臺灣社會仍假定「看女性的一定是男性」，忽略了女性／女同性戀等各種細膩的欲望，即便沒有一副血肉陰莖，同樣會心儀女性的身體。出版社沿襲這類假定規劃書系，讀者未及細想就當成「常識」，乃至於百合同人誌創作者也為之背書，刻板印象就這麼來來往往地強化了。

不過，貓品也注意到女同性戀以外的百合控，他們期待本次對談能帶來其他性別和性取向的觀點。

百合控中的男生

於是，Socotaku 的成員 kimball，說明了喜歡看百合作品的男生，可能有的想法。首先，看百合作品可以放鬆心情——不過真正讓心情放鬆的原因，可能是日常系作品的設計。其次，滿足好奇——一群女孩子一起做些什麼事，想來就覺得挺好，這是男性的生命經驗萬難觸及的狀態，看百合作品充實對女性友情的遐想。第三，這跟百合關係不大，而是泛論女性作主角，劇情開展通常就不會太訴諸熱血。能照顧夥伴的心情，引導其想法，憑智取，擅協調。由這樣的女性角色開展冒險，厭惡異能戰鬥的男性也只能急起追番【註3】了。

確實，喜愛百合的男性各色各樣，交織成一條複雜的光譜。有些男性把百合當成避風港或「羊圈」，藉以避開男性間的生殖競爭，安逸豢養自己的小羊。純潔像一條無形的界線，圈限住他們能接受的百合作品，一旦情欲滲上表面，他們就會喊停。而在色情中尋找百合，或將百合作品當成色情素材的男性，也大有人在。貓品認為，這種百合想像還是圍繞著該位男性的自我建築起來，其中找不到女性對女性的凝視與思考。

不過，著墨戀愛與性的百合作品，kimball 坦言不太感興趣。其中欠缺他能投射或共鳴的角色，沒有辦法理解劇中人物用何種心情期待彼此。對比於 kimball，倉田嘘的《百合男子》之主角，因為太萌百合，苦惱於「女性就該跟女性在一起」，詛咒自己的男性身分，甚至決定一生不與女性交往。不過，該作描繪的男子百合控形形色色，主角只是其中一款而已。更進一步，有些「男性蕾絲邊」，他的自我認同是女性，懷抱這樣的心意喜歡女生。

百合會論壇罕見男性，或說男性會員通常不會主動披露自己的性別。百合會曾有一位寫手要對其他會員「出櫃」自己的生理性別，孰料會員不相信，這種哭笑不得的狀況也是有的。

對百合作品的態度，貓品緊扣欲望作分類，kimball 卻不免困惑：「難道我不能單純旁觀嗎？」此處所謂欲望，包含但不限於女同性戀。確切來說，是女性意識到自己與其他女性的身體，並從這種意向與身體感出發的欲望。貓品認為這種欲望在百合文化中抬頭，也肯定其為百合文化的核心。可惜，要在其中找到 kimball 的位置，似乎不是那麼容易。

重新思考男性向與女性向

一種百合，各自表述。愛好百合的多樣理由，也促使貓品和 Socotaku 反省，說作品是「男性向」或「女性向」，是不是真的那麼理所當然。我們想透過這兩個詞表達的特徵究竟是什麼呢？

淺色貓說明，單論作品本身，講故事的方式是有差別的。從分鏡來說，一般少女漫畫為刻劃細微的情感轉折，不惜用上多頁，交代少年漫畫裡寥寥幾格就打發掉的內容【註4】。就像半成品主張，出版社、創作者和讀者之間往復強化「百合是屬於男性的文類」此一刻板印象，就是現成的好例子，說明「男性向」與「女性向」其實一定程度上是出版社武斷決定的；不過讀者也有反思分類的能耐，在口耳或網路相傳時加上但書。另一方面，創作者在CWT等同人誌販售場，也能主動幫自己的創作歸類。也許有一天，出版社會因此更動分類。

相較於臺灣，半成品解釋，百合作品在日本出版界中卻是分類在女性向，這裡談到的例子是一迅社的《コミック百合姫》。Socotaku 的旅星補充，根據二〇〇八年該刊的問卷調查結果，讀者中女性超過七成，反而是為了回應意料之外的「男性百合讀者」，促使出版社另創了姊妹刊《コミック百合姫S》（男性讀者超過六成），不過兩刊已於二〇一〇年合併，依舊保持女性向路線。然而代理多部該刊物作品、甚至創立「百合姬」書系的東立出版社，對該書系的描述，卻認定「目標讀者為男性」【註5】。

乍看理所當然的男性向／女性向分類，是一段複雜過程的結果。嘗試還原是開啟討論與反思的第一步。

譬如《魔法少女小圓》，半成品說，就很難援引傳統的分類方式。「魔法少女」主題本來是女性向，但男性讀者與日俱增；日常系動畫也沒有明顯的性別趨向。實務上，商業操作的考量往往掛帥。

迷社群與迷文化的維繫

不過，「在哪裡討論」向來與討論的品質息息相關。貓品和 Socotaku 都同意在K島很難開展細膩的討論。kimball 有感而發，指出「專門論壇的社群，對迷社群是很大的幫助。」貓品附議，而淺色貓興致勃勃地分享他的研究領域：言情小說。

近幾年的臺灣市場上，本土的言情小說衰落，從中國引進的網路言情小說（簡稱中國言情小說）崛起，除商業因素外，淺色貓認為評論沒落是重要的原因。跟中國言情小說相比，臺灣本土言情小說缺乏類似網路論壇的社群，讀者不容易從茫茫書海裡挑出對味的作品，想看什麼故事也很難凝聚力量讓作者察覺到。本來，從作品本身能討論性別的、情欲的、貼近當代生活脈動的議題，很可惜都錯過了。淺色貓強調，沒有受到討論與評論訊息所刺激的讀者，比較無法成為挾帶新的議題能量進入這個文類的作者，那麼接著就可能導致言情小說無法那麼跟得上時代脈動。

貓品和陪兩人一起來對談的「小精靈」都是百合會論壇的資深成員，三人你一言、我一語地說起百合會的軼事。懂日文的成員翻譯日本百合同好雜誌上的文章，有人上圖書館，每天一個段落，把中國的評論文章逐字打上論壇。想看百合漫畫就去漫畫區，小說有小說區，評論與灌水都各得其所。陳舊（譬如二〇〇四年）的檔案來源一死，不久就有人補上。這裡凝聚了很強的力量。討論區永遠有新人計較「什麼是百合」，資深成員難免嫌煩，但換個角度想，這表明百合仍然吸引新血，其內涵也還能與時俱變。

著名的系列作《東方幻想鄉》的華文論壇演變史也十分精采，kimball 歸納道，論壇或許有個「原罪」：總是先有人分享資源，繼而大家就設定、攻略、周邊、二創等滔滔不絕地聊起來。

然而《東方》的論壇跟百合會，差異很顯著。後者的黏著度很高，伺服器倒過，成員還是會陸續回歸。前者的論壇一旦連不上，社群不多時就散掉，轉向其他的資源集散地，而該論壇的文化也隨之散佚。kimball 舉出後起的中國論壇「喵玉殿」，出入該處的明顯是年輕一輩的東方迷，同樣討論設定、音樂、二創，出現的名字已然換過一批，老東方迷難免有些隔閡。

反觀百合會的舊伺服器常常「大姨媽來」而掛掉，妙的是，成員還是會一個報一個，陸續把彼此撿回來【註6】。或許，百合會的成員在這裡不只是消費（例如下載各種資源），而是貢獻了服務，捐錢或灌水，加上社群規模、流動性都不若《東方》的論壇來得大，就迷群結構而言，百合會的核心迷群所佔比例更高【註7】。在這樣的條件下，百合會的成員更有機會認識彼此，才能撐過那麼多年仍凝聚一定的能量。百合會的重點在於灌水區的社群互動，而非二次創作。這時小精靈提示眾人：比起其他百合向社群，百合會中的女同志比例更高，男性在K島或批踢踢的GL板無需隱埋性別，但在百合會卻有這樣的壓力。

作品投入社會之後，漣漪與迴響往往出人意表。創作多年後，新人偶然接觸，找上迷社群，這時資深老鳥若能「因材施教」，引出新人的好奇與興味，迷社群就有機會壯大一些。不過，在《東方》的狀況，基礎知識已脱離論壇，以維基（Wiki）的形式分化出來，因此新人幾乎不需接觸論壇／迷社群，就能取得必要的各種資源。結果，論壇似乎慢慢被取代。《東方》的二創非常活躍，粉絲只要有辦法取得設定的文字與圖像元素，不必跟（半）公開的迷社群發生關係，一樣可以在（半）私人的場域（如噗浪）玩得很開心。

百合會論壇的管理方針並不鼓勵女同性戀相關的討論【註8】，不過，如前文所述，資深成員長期泡在灌水區交誼的印象，似乎女同志所佔比例較其他百合論壇更高。果真如此，我們或許可以說，像百合會這樣的論壇能供給充實性別與性的認同養料，不論是作品相關的資源抑或是結識同好的機會。無形間，論壇也成了認同的一環，自然不會輕易離棄。這樣說起來，性癖確實影響著ACG文化的發展。

大齡御宅的野望

目前，臺灣社會的ACG粉絲無疑頗具規模，貓品、小精靈與 Socotaku 的這場對談，深層的關懷正是年輕粉絲長大之後會怎麼安頓相伴成長的御宅文化。

淺色貓指出，臺灣社會還不夠重視「方法論」。怎麼說呢？淺色貓認為臺灣社會不重視「技藝」，促成臺灣文化中只有「工」而沒有「匠」。這樣的文化氛圍中，臺灣社會對一門技藝如何建立完整的學習方法不感興趣，也不重視建立方法本身的意義，從而無法針對這些「方法」再進一步深化思考與探究。換句話說，在臺灣，技藝被視為淺薄的技術工作，不受到尊重，也很難發展與傳承歷史縱深，當遭遇到物質現實（譬如從事ACG相關產業難以餬口）時，整個社會氛圍就令人無法光靠熱情堅持下去。於是ACG多半只能屈居「興趣」或「愛好」。一出社會，更實際的東西劈壓過來，第一個割捨掉的就是ACG。對此，討論與評論儘管以消費為前提，經營得當，總能讓每次消費多積澱一些，粉絲面對日常生活的時候且增一分餘裕。

ACG作品給我們新添的想像力，絲絲縷縷，牽繫你我的性癖與認同，也賴同好彼此護持啊！

附註

註1 「百合會論壇」是二〇〇四年十月創建的百合作品與文化線上討論區，到二〇一一年底累積了十二萬會員。論壇主機位於中國，管理團隊來自中國、香港、臺灣等地，成員廣布華文圈以及旅日、歐美與東南亞的華人。

註2 指一男與多女配對。

註3 「番」是「番組」（節目）的簡稱。「追番」的意思是按照動畫播出的時程收看。因為是跟從日本的播映時間，身在不同時區的觀眾才會要「追」。

註4 李衣雲在《變形、象徵與符號化的系譜——漫畫的文化研究》中更詳細地說明這個論點，敬請參考。

註5 參見《少女之愛：台灣動漫畫領域中的百合文化》第一一七至一二〇頁。

註6 二〇一四年八月，百合會發起募款更換伺服器，貓品也有捐錢。這次更換之後伺服器就不常掛掉了。

註7 在百合會註冊會員時，需要回答幾個問題，確認申請者對百合文化有一定程度理解。

註8 參見《少女之愛：台灣動漫畫領域中的百合文化》第六十四至六十六頁。

真推坑之路

日本成人遊戲發展史

文—弦琅

日本成人遊戲（アダルトゲーム／adult game）又稱為H-Game、エロ遊戲，通常是指禁止未成年人購買的日本電玩遊戲，此種遊戲內含對性行為的描寫，且多以動漫畫的風格呈現。

H-Game與「美少女遊戲（gal game）」在性質上相當接近，若要進行嚴格介定，則差別在於美少女遊戲並不一定含有十八禁要素、不一定具有年齡限制；而H-Game則不侷限以「美少女」為遊戲主題，也包括了BL遊戲或乙女遊戲。

H-Game本身的遊戲類型，大多是以戀愛冒險遊戲（Adventure Game，AVG）為主，具有其它遊戲類型（SLG、RPG、ACT、FPS）的H-Game較為稀少。舉例來說，二〇一二年日本生產的四百一十九款H-Game中，只有僅僅十七款不是AVG遊戲。

至於H-Game的故事走向與內容，最籠統可以分為「純愛類」與「鬼畜類」兩大類別，其下才又分成熱血向、治癒向、致鬱向、感人向、實用向、獵奇向等等故事走向。兩個大類「純愛」和「鬼畜」的差異，是以是否有物化女性的內容作為區隔，隨後的故事類型則類似於一般小說、漫畫的主題分類。當然，這不見得是很權威的分類法，不過一般的H-Game在企畫階段通常是以此為發想起點，例如純愛類的治癒故事啦，或是鬼畜類的黑暗小說。

而在諸多類別當中，實用向的遊戲（稱為「抜きゲー」）在產出數量上佔大宗，不過，這些遊戲在知名度或話題性上，都遠不如主打劇情的遊戲。那麼為什麼抜きゲー在數量上會壓倒性的多呢？因為抜きゲー的遊戲目的其實跟AV沒兩樣，除了提供玩家發洩慾望的管道外便沒別的了，因此，大部分的抜きゲー不太需要縝密的腳本撰寫。腳本的生產速度快，產品開發和資金回收的時間自然就能縮短。這種獲利至上的生產流程也許不是讓人覺得很有夢想，但做抜きゲー確實是能賺錢的。事實上，相較於開發周期長的大作，低成本、低售價、資金回收快的抜きゲー意外地很有市場。所以除了專門生產這類型遊戲的小廠，有些大廠在大作與大作之間的銷售空窗期，也常常會拿小品的抜きゲー作為墊檔作，掙點臨時收入。

從前從前的 H-Game

若略去一九八〇年代風行一時的野球拳遊戲不論，最早含有性要素的電子遊戲，應該是算在一九八二年光榮【註1】所發售的《Night Life》。遊戲的內容是這樣的：玩家操縱一對夫婦，透過計算妻子的生理期、選擇以不同的體位做愛，試圖使妻子成功受孕……呃，這跟現在印象中的 H-Game 好像差得有點多?· 畢竟嚴格說來，《Night Life》並不是為了性刺激而開發出來的遊戲，它比較像是「幫助情侶婚後性生活」的實用軟體才對。撇開遊戲目的不管，在 8-bit 電腦上運作的《Night Life》，的確開拓了在電子遊戲中加入性內容的概念。

真要說接近當今「美少女ＡＶＧ」這種架構的遊戲，其始祖大概還是算在ジャスト（JAST）公司在一九八五年所推出的《天使たちの午後》。這遊戲受到當時美國遊戲市場ＡＶＧ暢銷的影響，是第一個以文字交談選項作為遊戲 flag 的 H-Game。另一個值得一提的早期遊戲則是 PSK 公司推出的《LOLITA》，也就是說——萬惡的蘿莉控，其實從這時期開始就有啦！

無論是 JAST、PSK，還是哪家不方便說出名字的公司，在這個時期，沒有任何廠商開發一般向的美少女遊戲。業界所推出的全都是以性為賣點 H-Game。另方面，此時的 H-Game

都是以男性為本位，把女性當作性工具的遊玩模式，而在女權意識逐漸高漲的年代，這種遊戲自然不可能得到一般大眾的良性支持。於是這種不可能完全消滅、又擁有不少暗地支持的玩意，跟日漸興盛的動漫畫或一般遊戲切割開來，尷尬地棲伏在地下市場，也是剛好而已。至於這個時期H-Game的劇本呢，老實說，大概只能與「爛」劃上等號吧！（早期的H-Game劇本真的很糟。）

請給我更多劇情

早期H-Game還是以滿足男性為主要目的，而且也沒多少人真的把它當「遊戲」在玩（其實我覺得現在好像也差不多……），所謂的劇本，此時不過是製造H-scene（色情場面）出現的工具而已，沒有什麼別的了。當這種遊戲多了之後，自然而然會因此反胃的玩家也就多啦！兩個趨勢開始漸漸地形成，也就是：

(1)玩家開始對一般向遊戲和H-Game抱持了雙重標準。
(2)有人開始覺得H-Game除了H以外，應該還是能用什麼別的東西做為賣點才對。

這兩個趨勢的形成很重要，對H-Game的發展造成深遠影響。前者對日後H-Game業界在規模擴張上極有幫助，因為玩家的評分標準較寬鬆／容忍度較高，一些低資本公司／社團只要有本事，就能在這裡白手起家撈點錢，拉低 H-Game 業界的進入門檻。後者則是促進了開發商日後在劇本、遊戲系統上的質量翻新之遠因，並開始嘗試以其它形式（廣告、銷售據點擴展）讓社會大眾「比較」能接受這個業界。

伴隨著這兩個在日後有重大化學效應的玩家文化形成，時間來到一九八〇年代末期。在一九八〇末至一九九〇初這段時間內，有兩件劇烈衝擊 H-Game 業界的大事發生了。

H-Game 業界的危機與契機

第一件大事是 ENIX 推出《Dragon Quest》（勇者鬥惡龍）。《Dragon Quest》除了樹立日系 RPG 的典範，同時也讓方才傳入日本的 TRPG（桌上型 RPG）得以生根、茁壯，大部分日本第一世代的遊戲劇本作家都接受過這波 TRPG 浪潮的洗禮（例如遊演体遊戲公司出身的桜井光、星空めてお、賀東招二，或 Nitro+ 的虛淵玄）。另一方面，《Dragon Quest》的指令選單系統有效地減少了 H-Game 的運作困難，而其迷宮探索與 RPG 架構，直到今日仍能在業界中見著其影子。

第二件事情大概就比較多人知道了，那就是著名的「宮崎勤事件」。本事件的後果之一是文部省開始對公開發行的動漫畫作品做「清洗」（悪書追放運動）。在這個時期的審查制度下，要是有書籍被認定為不合格，那可不是多個 R-15、R18 的標示就能了事，而是得直接禁賣或下架。就算是人氣漫畫周刊上的連載，也可能因為過不了審查而落得休止連載的下場，很多漫畫雜誌因此只能關門大吉。

不過這狀況對 H-Game 業界倒有著意外的好處：因為很多漫畫家在漫畫界待不下去，就只好改行到 H-Game 公司畫遊戲。不少早期公司都是差不多在這時創立（一九八九—一九九一）。不過好處也只有意外補充了新血。宮崎勤事件無疑是對整個 ACG 業界的打擊。

像是以《同級生》、《龍騎士》系列聞名的 ELF，在當時的業績可說是極度慘澹。在事件當時的一九八九年，這一年 ELF 共推出了七款遊戲，沒有一款能賣超過一萬套，其中最慘的是剛好撞上該事件的《RUNRUN 狂走曲》，因為宮崎勤事件之影響，最後僅僅只賣出一千二百套。

除了宮崎勤事件的影響之外，日益激進的遊戲內容在此時也逐漸開始受到輿論的批評與撻伐，加上此時陸續發生不少青少年前往遊戲販賣店偷竊成人遊戲的社會案件。結果，宮崎勤事件引起的風波還沒過去，對業界產生顯著衝擊事件的「沙織事件」【註2】就已經先跳到了新聞的版面上，最終引發業界一連串的自我規制行動。

雖然一九八〇末到一九九〇初期業界的狀況實在是淒慘，但有一些指標性的遊戲仍舊是在這樣艱難的環境下出產出來。像是ELF的《龍騎士》（ドラゴンナイト，1989.11.17）或是COCKTAIL SOFT的《CANCAN兔子》（きゃんきゃんバニー，1989.8.10）。

ELF的迷宮探索RPG《龍騎士》在一九八九年底低調推出，上市後居然刮起了一陣旋風，兩個月內銷量即狂漲到五萬，最終統計似乎約賣出了七萬多套，這在網路不發達的骨灰年代是非常誇張的數字。《龍騎士》在商業上破天荒的巨大成功之所以重要，除了該遊戲是以RPG之姿挑戰當時AVG統治市場的H-Game業界，同時也讓不少人意識到「原來H-Game是能這麼賣的」，使得H-Game也開始在遊戲業界中能佔有一席之地。

至於COCKTAIL SOFT的《CAMCAM兔子》，雖然沒有像《龍騎士》那麼可觀的銷售業績，但卻嘗試開創了嶄新的遊戲類型–那就是「把妹」。《CAMCAM兔子》的遊戲內容是這樣的：一個平凡無奇、如同透明人一般的男主角，努力滿足女主角們各式各樣的願望，以達成戀情並和他們做愛。這種一邊打工賺錢一邊把妹插旗的遊玩模式，日後由《同級生》良好繼承了下來，成為美少女遊戲的一種重要結構（沒啥存在感的男主角、flag、攻略等等）。

至於另一家公司，當屬以《加奈》、《家計》聞名的D.O.。有點資歷的玩家可能都知道《加奈》和《家計》是以劇本見長、賺人熱淚的遊戲，但D.O.在草創期卻是以觸手來為其打下江山，社長廣崎悠意的觸手畫被譽為是前無古人後無來者。除了妖獸與觸手之外，D.O.為劇本架構帶來的重要貢獻則為他們是第一個使用Onnybus（多線結構）的廠商：一款遊戲有多種不相干的遊戲結構與劇情，而各路線的腳本量加起來又比單一劇情多，這種分岐式的劇本便是始出於D.O.。

ELF社的興衰

歷經了一九九〇初期的輿論洗禮和ソフ倫的自主規制後，一九九〇年代中期制霸整個H-Game業界的，是靠著《龍騎士》、《DE · JA》、《同級生》海撈一票的ELF，以及與ELF走完全相反路線，以《鬪神都市2》、《鬼畜王蘭斯》等硬派遊戲迅速擴張版圖的AliceSoft。在ELF尚未式微前，基本上H-Game業界是以「西ELF，東ALICE」來作分野的。

ELF社樹立了許多H-Game的遊戲典範。像是被視作美少女遊戲鼻祖的《同級生》、最早的偵探式AVG《DE · JA》、痴漢類遊戲《臭作》等等。其中《同級生》不但首創把H-Game

從單純的色情遊戲轉變成含有愛情要素的戀愛AVG，而且因為它實在太受歡迎，不少玩家紛紛要求發行與遊戲相關的畫冊、攻略本或鑰匙圈、電話卡一類的周邊商品，這讓H-Game業界得以和出版業者合作，首次打開了周邊商品販售的萬惡大門。

至於ELF社的巔峰之作，則不能不提一九九四年的《龍騎士4》以及一九九六年的《YU-NO》（この世の果てで恋を唄う少女YU-NO）。

不過雖然《YU-NO》與《龍騎士4》接連獲得了巨大的成功，但ELF在一九九七年後，不僅在產品品質控管上連連出包，更由於《龍騎士4》與《YU-NO》這兩道牆實在是太高了，ELF遲遲無法跨越自己立下的高牆，導致不少成員紛紛求去。今日的ELF已不見老舖的昔日榮光，只是個靠低成本遊戲糊口的小廠罷了。

撇開ELF的興衰史，一九九〇年代中期的H-Game市場似乎顯得較為平淡。此時的業界雖然跟前幾年相比規模大了許多，但也已經沒有什麼創舉了。雖然ELF還是陸續推出《下級生》、《EVE》等遊戲來維持他們的產能，不過在表現沒有比之前亮眼的狀況下，這種利用餘萌的做法似乎不是可行之道。

儘管如此，這時期的遊戲還是有不少佳作，像AliceSoft的《鬼畜王蘭斯》、《アトラク=ナクア》系列作便是在一九九七年前後分別推出。

長年位居第三的老舖 F&C 也趁著 ELF 走下坡之際推出《Pia キャロットへようこそ!!2》，試圖一舉搶下龍頭寶座。在幽默的遊戲劇本、長久琢磨出來的畫工、以及優良的配音加持下，雖然沒有像先前 ELF 那種誇張的銷售數字，但《Pia2》倒也賣掉了十萬套，遊戲中的制服與女僕文化也隨著遊戲推廣，成了御宅族文化的一部分。

是的，Leaf 在這一年崛起了

雖然一九九七年的 F&C 雖然來勢洶洶，但這一年最有話題性和代表性的美少女遊戲，反而是一家看起來快要泡沫化的小廠 Leaf 丟出的震憾彈——《To Heart》。

素不相識的兩人通過某個契機彼此相遇，又為了某個相同的目標一起前進，在這過程中互相了解對方真實的內心，最後成為戀人……這種以高校生生活為舞臺的遊戲現在看來也許甚是陽春，但在遊戲過程中，Leaf 做出了兩件之前還沒有人做過的事情，也就是讓遊戲擁有了：(1)充滿屬性魅力的角色。(2)打動人心的劇本。

在《To Heart》淺顯易懂的劇本引領之下，以和女角們戀愛為主要目的的遊戲開始如雨後春筍般冒了出來。結果就是一九九七年發售的遊戲中，光是與美少女戀愛的遊戲類型其數目直接衝上了五十大關，一九九八年更是在上半年就突破了這個數字。

說到一九九八年業界最熱門的話題，當屬Leaf和F&C之間的八點檔。Leaf把製作《Pia2》的製作小組全部挖角過來，使得F&C元氣大傷，變成只能在業界載浮載沉的小廠商，Leaf的當家畫師甘露樹就是在這一波中跑到Leaf的。從F&C得到新血的Leaf此時乘勢而為，準備成立東京分部來打造下一部大作。

但到了一九九八年末結算時，有趣的事情發生了，F&C跟Leaf雖然在這一年戰得很厲害，但這一年銷量排在第一位的既不是F&C的《With You ~みつめていたい~》，也不是Leaf的《White Album》，而是個不知打哪來、叫做《ONE 輝く季節へ》的作品。雖然《ONE》的原畫水平只能算得上業餘程度，但由於超高品質的音樂，以及讓人感動落淚的劇情，《ONE》迅速獲得成功，也讓玩家們開始注意到樋上いたる、麻枝準和折戸伸治這幾個傢伙的名字。

《ONE》商業成功後，其製作小組隨後從原公司Tactics跳出來，自行成立了名為KEY的小公司，至於這小公司隔年推出的《Kanon》、《Air》大概就不用多說什麼了吧！讓許多人流淚看完結局的《Kanon》毫無意外地占據一九九九年銷量冠軍，另一個《Air》則是在二〇〇〇年樹立了一塊難以撼動的里程碑。

二〇〇〇年，被玩家戲稱為「GAL GAME的深秋」的一年，會有這樣的稱呼不是因為市場蕭條慘澹，而是受到《Kanon》影響，這年頭充斥市面上的遊戲滿滿的都是感動系或治癒系的泣きゲー。

同一年冬天，當時還是同人社團的TYPE-MOON在Comiket開賣《月姬》，此時的《月姬》雖然只受到一小撮核心玩家的注目，但奈須きのこ獨樹一格的縝密設定與武內崇充滿個人風格的畫風日後倒也很快地吸引了不少人的關注，隨後，TYPE-MOON正式成立會社，並開始為往後的奇蹟做準備。而以異色劇本聞名的Nitro+同樣在這年成軍，不過處女作《Phantom ~ Phantom of inferno ~》顯然不太對此時的市場口味，除了少部分死忠的粉絲外，大部分的玩家顯然不太買Nitro+的帳。

此外，從戲畫中分裂出來的貓社（ねこねこソフト）、以遊戲系統有趣而受到玩家喜愛的軟房（ソフトハウスキャラ）、以魔界天使系列知名的FrontWing、製造萬惡曲藝商法的CIRCUS等公司也都是在這一年加入H-Game市場。就這點來看，二〇〇〇年可說是H-Game業界大量注入新血的一年。不過，縱然這一年的新血與名作眾多，但所有的遊戲都還是因為一個名字而顯得黯淡——那就是《AIR》。

若真要雞蛋裡挑骨頭的話，《AIR》在畫面、劇情上還是有不少值得詬病的地方（事實上，若只比總合評價的話，《Phantom》跟《月姬》這年在玩家間的評價反而比《AIR》優），但《AIR》的地位之所以難以撼動，除了感人的劇本外，更重要的是，《AIR》的出現讓故事日益僵化的戀愛題材找到了新的方向，而也因為《AIR》在劇本上的突破，中堅廠商才得以突破單純只是談場戀愛的故事侷限，並開啟了接下來群雄割據的戰國時代。

綜觀一九八〇年代迄今，成人向遊戲的發展史，玩家對劇本的要求是重要的演化動力。如果只追求宣洩性欲的話，其實不一定要選擇遊戲。因此會為此類遊戲埋單的玩家，除了美少女的聲光刺激，還需要更豐富的劇情要素。於是，隨著指令系統改進、引入多線分歧劇本、「養成」與多線攻略，還有富屬性魅力的角色，這些要素一一在各款遊戲中浮現，共同營造了成熟階段的美少女遊戲的基本樣貌。

附註

註 1　其實很多大手的遊戲公司早期都是從 H-Game 起家的。像光榮除了這個《Night Life》以外，還有「団地妻の誘惑」、「マイ・ロリータ」等等現今被稱作「黑歷史」的作品。其它做過 H-Game 的大廠還有 Falcom、工畫堂、ENIX。

註2 一九九一年時，有個京都的男子中學生因偷竊《沙織－美少女達の館－》這款遊戲而遭警方逮捕，這讓輿論與衛道人士的矛頭從掃蕩有害圖書順便轉向了電腦遊戲市場。風聲鶴唳的業界為了能向社會大眾交代，開始進行自主規制，並成立一個具體化的執行組織，那就是著名的電腦軟體倫理機構（コンピュータソフトウェア倫理機構，Ethics Organization of Computer Software，簡稱軟倫〔ソフ倫〕或 EOCS）。

與虛擬美少女的日常戀愛

Love Plus

文—科科任

「輕遊戲」與《Love Plus》

在撰寫此文之時，恰巧碰上一則遊戲界的人事短訊：遊戲大廠 KONAMI 的製作人之一內田明理與ミノ☆タロー（三野太郎，現改名為箕星太朗）宣布離開 KONAMI 遊戲公司，尚未確定未來動向如何。

許多關於這件事情的報導，大多介紹內田為遊戲《純愛手札 Girl's Side》與《Love Plus（ラブプラス）》系列的製作人，三野則是《Love Plus》系列的原畫師。此外，KONAMI 在之後補上聲明強調這兩款遊戲的開發不會因此中止。隨著這些報導，也引起部分玩家們回憶起了《Love Plus》這款曾經引起話題的戀愛養成遊戲。

二〇〇九年九月，第一代《Love Plus》在NDS平台上登場，隨後因其獨特的遊戲方式，迅速在玩家中建立強大的口碑，甚至還引發不少社會現象，例如：遊戲發售後不久，《讀賣新聞》刊載一篇讀者投書，指稱自己的丈夫沉迷於《Love Plus》之中，甚至連睡覺時都和遊戲機形影不離，嚴重地影響了夫妻原本的生活。又或者，在一次日本的同人展中，一名《Love Plus》的玩家遺失了他的NDS，而除了借大會廣播詢問是否有人撿到以外，還宣稱「歸還的話我願意付酬金表示答謝，但千萬不要刪掉我的Love Plus紀錄。」甚至最後還出現了有重度玩家與遊戲角色結婚，並真的舉辦婚禮，當眾親吻遊戲角色（NDS主機）的新聞。

挾著這股氣勢，隔年《Love Plus》續作《Love Plus+》推出，並加入了熱海旅行的新劇情，於是又掀起了一股玩家們爭相前往熱海朝聖——「與女朋友共度蜜月」的熱潮。這些事件都再再的顯示《Love Plus》這款遊戲不單只是在玩家中爆紅，還在日本引發了許多令人難以想像的社會現象。

在說明《Love Plus》到底是款怎麼樣的遊戲之前，還是得先說明一下NDS這臺任天堂的掌上型遊戲主機。NDS最大的特點就是外型輕便，但卻擁有上下螢幕，以及當時為數不多的觸控功能，帶起了一股輕遊戲的風潮。

一般對於遊戲大作的印象，多為複雜的背景故事、眾多的人物和漫長的系統之類，但NDS的出現反倒捧紅了許多「輕遊戲」。「輕遊戲」的玩法簡單、單次遊戲不需要花上太久的時間，標榜隨時隨地都能體驗到樂趣。在那個年代，智慧型手機還不普及，於是這塊非重度玩家的市場，就幾乎全為NDS以及同為任天堂公司的家用主機「Wii」給吃下了，與此勢也一起大紅的遊戲包括《川島隆太教授的DS腦力強化訓練》、《大家的節奏天國》和《動物之森》等等，都是屬於每次只需花上五到十分鐘的時間，完成「每日任務」一般的休閒小品。

與女主角展開校園戀愛

《Love Plus》在遊戲性能上，便也融合了這樣的「輕」風格。《Love Plus》遊戲大致上可以分成兩個部分。第一個部分與傳統戀愛模擬遊戲相近，故事描述玩家轉學來到了十羽野高校後，透過一連串的劇情對話以及玩家選項之後，最終將會決定與三位女角色中的其一結成情侶，如果單身到最後將會判定遊戲失敗，等於GAME OVER。這三位各具特色的女主角為：個性傲嬌任性、擔任圖書館管理員的高一生小早川凜子；個性溫和拘禮、在網球部十分活躍的高二生高嶺愛花；以及個性成熟慧詰、在一家餐廳當服務生打工的姊崎寧寧。

然而，第一部分結束後，其實才是《Love Plus》的遊戲開始。這部分後的遊戲將會與現實時間結合（方法是藉由NDS內建的時鐘來判定時間，所以更正確的說法是與NDS中設定的時間連動），將一天分成早中午晚四等分，讓玩家每天登入並設定主角的行程，這些行程將會影響一些主角的能力值，能力值則會在約會中決定女友上升的好感度。另外，雖然只有三位女主角可以讓玩家選擇攻略，不過三位女主角各自還附帶三種性格，隨時會以「○○君喜歡什麼樣類型的女生呢」的問話中修改，而除了性格之外，髮型（長短髮且要不要綁？）、服裝（可愛的洋裝抑或是清爽的休閒服？）、便當的菜色（日式便當還是中式便當？）、約會的遊玩地點（能玩樂的地方或者安靜下來的地方？）等等，也是可以隨著玩家的嗜好所調整的物件。也許一開始玩家交往的是短髮的小早川凜子，但隨著時間的進展，很可能某一天將會有「中午時和（玩家要求的）長髮雙馬尾，穿著（玩家要求的）黑色洋裝的凜子一起吃著（玩家要求的）日式烤魚便當，隨後到了（玩家要求的）海邊，換上（玩家要求的）比基尼一同戲水」。也就是說比起過往的戀愛遊戲，玩家能夠決定的要素大幅增加，滿足度提高的同時當然也激起了玩家想多挖掘內容的好奇心。過程中也隨機出現女友角色的其他互動，多半會與選定的行程有關，例如：當玩家的女友已決定為是高嶺愛花時，並在某日下午的行程設定為前往網球部，將有可能出現愛花與你對話，替你的練習加油打氣的事件。此外，還有用手機把女朋友叫出來、約去吃個飯或去公園散步之類的功能，但是這部分就有體力限制，而非可以無限使用。

人性化、貼近日常的遊戲設定

對一般玩家來說，較為常見的遊戲流程為：將一天的行程定好，跑事件，提高能力值，能力值提高後便能趁假日和女友去學校以外的場所約會，像是海邊、購物中心或KTV等等。如果平時想和女友見面的話，便使用通話功能，將女友約出來等等，這過程並不會耗費玩家太多的時間。

但「恐怖」的一點就來了：遊戲中，這些小地方的設定都盡可能地做到了人性化。比方說，通常一早都設定去學校上課，女友通常也會同行，並跟玩家聊一些閒話家常。於是玩家很快就會發現，今天的話題是一位聽說要退休的老師，明天是學校裡有人在組樂團的傳聞，後天則是最近看了什麼漫畫……雖然都聊不長，但因為話題的重複率極低，有效地降低了自覺在和程式設計之罐頭對話的感覺。況且，儘管話題百百種，但也都盡可能參雜著一點情愫進去，例如與高嶺愛花聊起學校的樂團傳聞時，主角就會說不知道較為文靜的愛花去玩搖滾樂團會是什麼樣子，惹得愛花一陣害羞後說出：「真是的，你幻想到哪裡去了……不過，你也想注視著那樣的我嗎？」

又比方說玩家若是玩到一半不存檔就直接將遊戲關閉的話，玩家下次打開遊戲時，會無法立刻讀取進度，而是看到女友帶著微微生氣的表情，抱怨為何你不照正常的方式關機開機。甚至會要求你對著NDS的麥克風大聲說「對不起」三次，他才會原諒你，讓你進入遊戲。

對於許多ACG圈內人來講，只有一兩句足夠挑逗的話就非常能夠激發想像力了，更何況對戀愛經驗缺乏的人而言，根本是不可能聽到任何人（或物）對著自己這樣說話的。動畫和漫畫中也許會有這樣的臺詞，但一定是一個角色對另一個角色說的。部分的戀愛遊戲也可能有這樣的臺詞，但多半會讓人想成是劇情內的預設角色對由玩家扮演的角色而說。

但是，《Love Plus》幾乎沒有主線劇情，唯一的劇情維持在上述的第一部分，玩家轉學到此並交上了一位女友，等於這個玩家的資歷幾乎是一片空白，遊戲中也看不到任何的玩家人像，從頭到尾都是由玩家方的視角看出去的，完全不影響任何人將自己帶入成這位從不發言的角色中。所以，雖然不脫虛擬角色，但同樣的甜言蜜語，能帶給玩家的殺傷力自然就更強大了。

由於遊戲時間和現實時間連動，於是在某些特定的節日中，將會有強制進行的事件。例如，某天玩家像往常一樣開機，打開《Love Plus》的進度，本來想設定去網球部提升一下運動能力時，卻看到畫面直接跳到一身禮服的愛花出現在面前，和你一起去學校的聖誕舞會，於是玩家猛一看時間，赫然發現今天正是十二月二十四日，不多不少。這種變化給玩家感覺，絕對勝過玩家在幾個小時內就打過了遊戲的好幾個月、聖誕節之後馬上跳到了情人節這種其他戀愛模擬遊戲中常見的感受。

其實說穿了，這種設計模式在某種概念上，很接近後來DLC（Downloadable Content／可追加下載內容）或者課金抽選的系統。這是現今不少手機遊戲常採取的遊戲模式，讓玩家免費下載程式，可進行最低限度的遊戲體驗，但更多的內容就必須付費抽選。例如《龍族拼圖》，玩家當然可以只開來轉轉珠破破關，可是玩家一定無法靠著破關獲得所有的角色，於是想要角色只能用抽的，抽不到只能再抽，抽選所需的魔法石用完了卻還想再抽就得花錢買籌碼，電玩公司靠此賺取營收；除非極好運的玩家，否則是很難靠著無課金下有限的籌碼獲得完整的角色、完整的遊戲內容。而《Love Plus》與此類課金抽選遊戲的共通點就是「不讓玩家一次性就能享有全部內容」。玩家每天開機，每天與女朋友上下學閒話家常，偶爾穿插著新年參拜、慶祝生日、學校大考等情節，但這都得仰賴玩家每天開機，才能夠一一觸發這些事件。除非使出直接調動系統時間的偷吃步手段，一名玩家少說也要經歷過三百六十五天的遊戲歷程，才能確定他看過了一年中所有和女友共度的所有事件。那麼問題就在於，玩家會真的這樣每天開機，在三百六十五天之中每天花個十分鐘左右跑遊戲進度嗎？答案是對已經喜歡上這遊戲裡頭的那些虛擬角色的玩家來講，真的會有人這麼做！就像課金抽選遊戲中，總會有幾個砸上成千上萬的錢，只為了抽到遊戲內一張抽中率不到百分之一的卡片的玩家一樣。

模擬戀愛？真實戀愛？

《Love Plus》在遊戲之中，和女朋友中發展到最親密的舉動是接吻。系列第二作《Love Plus+》中的熱海旅遊劇情有和著泳衣的女友一同洗澡和同床共眠的事件，但都沒有越過十八禁的尺度。不過某種質疑聲浪不禁會這麼問：遊戲不管提供了再多內容，也終究只是遊戲，為什麼會有人寧願去玩所謂的「戀愛模擬」，而不是真正找一個現實中的女生談一場戀愛呢？

這問題可能得拆成幾個部分來談。首先，部分為了玩戀愛遊戲的人，並非是以「真正的戀愛」為目的去玩遊戲，而是純粹作為一個玩家去「玩遊戲」的，就像是即時戰略玩家不一定真正懂戰爭或想體驗戰爭，射擊遊戲玩家沒有真的拿槍殺人一般。尤其《Love Plus》曾經引起廣大的話題性，更可能吸引到好奇的其他玩家來嘗試其中的遊戲內容。儘管預設玩家為男性，仍有部分女性是《Love Plus》的玩家，知名聲優井上麻里奈和中尾衣里都是例子。

再來就是所謂真正愛上遊戲角色，將談戀愛的心情投注在這上頭的玩家了。這類人當然有，甚至連宣示與角色結婚的人都有了，但這其實並非是《Love Plus》玩家才特有的狀況。在ACG的圈子裡頭，始終有一派人信奉著「二次元安定」——除了在審美觀上喜歡虛擬角色更勝真人外，對於真實世界的戀愛和各種性慾關係抱持著悲觀的想法，認為現實中的戀愛關係充滿著謊言欺騙、又花錢、又很可能付出許多卻得不到任何回報等等的負面想像，而不願、也不會採取任何行動。相反的，將感情投注在虛擬角色上，起碼是真的能看到該角色，聽到那個人的聲音，也不會遭到背叛，所需付出的代價極為低廉。部分ACG商品就是在帶有這樣的因素下而產生的，像是「等身十八禁抱枕」。

戀愛模擬遊戲當然能作為人們的感情宣洩口之一。過去劇情式的戀愛冒險遊戲像小說電影，是「看過之後讓人感受戀愛的感覺」，就像是看過勵志片會感到精神振奮，看過驚悚片會覺得四周草木皆兵一般。可是，《Love Plus》的遊戲方式更進一步接近真實中的戀愛——想像中「好」的那一部分——每天和女友一起上下學、吃飯，特別想念人的時候就能約來小聚，周末去爬山或看場電影，感覺對了就親一個。

這是戀愛模擬遊戲上的一次重大革新，過去的遊戲幾乎都無法齊備這些要素。對倚仗遊戲、不願在現實中談戀愛的人們來說，這也是滿足度上的一大提升。或許所謂的親吻不過是對著觸控螢幕，但至少能像個情侶般，在晚上回家前來個告別之吻了。獲得更大滿足的同時，這樣的遊戲也再一次暗示似的提醒這些人，也許靠著日益進步的科技和一些創意，未來更會往那想像中極致夢幻的戀愛前進，甚至終有一天……。

無論如何，KONAMI公司確實是創造了當代最具話題性的戀愛模擬遊戲之一，《Love Plus》與《Love Plus+》都相當成功。後來任天堂次世代主機「3DS」問世取代NDS，對應該主機《New Love Plus》也在二〇一二年二月十四日上市，並加入了更多的要素在遊戲中。只可惜為了趕在情人節發售，導致遊戲內有許多BUG，在很多小地方出現了讀取過慢、容易當機的情形，嚴重影響了玩家的遊戲體驗。更新檔幾乎是到了該年年底才發布，雖然有效改善了遊戲品質，可早已重創了遊戲聲譽，爾後再度發行的續作《New Love Plus+》銷量也一落千丈。儘管如此，想必還是有玩家仍會照三餐打開進度，和遊戲中的那位女友寒暄問暖，等待著續作有更多和凜子、愛花與寧寧互動的功能出現。誰知道呢？

好男人都在遊戲裡？

乙女遊戲

文—陳莞欣

想像這樣的一個場景——你是一個平凡的高中女生，在你身邊圍繞著數名的男性：總是和你打鬧實則暗戀你已久的青梅竹馬、態度冷淡但似乎另有隱情的同班同學、開朗如鄰家大哥哥的學長、可愛而稚氣的脫線學弟……這次，你想要談一場什麼樣的戀愛？

上述的故事背景，是乙女遊戲的典型設計。「乙女」一詞，在日文中意指少女。所謂「乙女遊戲」，即是以女性為目標消費者的戀愛模擬遊戲。

在遊戲中，玩家扮演女主角，和各個男性角色互動，之後發展出不同的戀愛故事。這類型遊戲多以視覺小說的形式呈現，偶有養成系統、戰鬥系統等不同遊戲要素，但大體而言，多數乙女遊戲的敘事設計，仍是讓玩家以選項的方式進入不同的劇情分支，觀看各個角色的路線劇情。

綜觀日本ACG發展史，乙女遊戲的出現在少女漫畫之後，其不論在劇情或是畫風上，都很類似大眾所熟知的少女漫畫。然而，兩者最大的差異在於乙女遊戲的玩家不僅扮演女主角，還可以選擇戀愛對象，並且一定程度的決定劇情走向。

為什麼玩家喜歡玩乙女遊戲？相較於現實生活中的男性，乙女遊戲裡的男角有什麼特殊之處？為了回答上述問題，我訪談了十幾位乙女遊戲的玩家，以了解玩家的遊戲動機與遊戲之於他們的意義。

在外界眼中，乙女遊戲對玩家的意義也許僅是滿足現實生活中無法達成的戀愛幻想。但是，乙女遊戲所建構的幻想之所以吸引人，跟玩家們的性別互動經驗與所身處的環境有密切的關係。

當臺灣玩家遇見日本乙女遊戲

儘管乙女遊戲是日本動漫文化的產物，臺灣玩家們對於遊戲文本的詮釋，卻深受他們所處的社會脈絡影響。

在我的研究中，接受訪談的玩家年齡層介於十八到三十五歲，以異性戀女性為主，但也有少數玩家是雙性戀或異性戀男性。從受訪者的年齡分布可以看出，這批乙女遊戲的玩家皆成長於解嚴之後、受過性別運動洗禮的臺灣社會。比起上一代，這個世代的臺灣女性在生涯選擇上擁有更多的自由，不再受到傳統性別觀念與婚姻的束縛，各種性別論述與社會運動的倡議，也使得性別平等的理念得以在部分領域逐步落實。

在這樣的社會氛圍下，玩家對乙女遊戲的評價也反映了他們的性別意識以及對親密關係的期待。不少玩家批評乙女遊戲裡的女主角過於軟弱，並將此歸咎於臺日性別環境的差異：「我們臺灣女生跟日本女生的個性本來就不一樣。日本女生他們就很喜歡柔柔弱弱的那種（女主角）。可是我們就會覺得，為什麼啊？」普遍來說，玩家偏好的女主角類型，多具有獨立、自主，有想法等正面特質。若女主角的形象落入性別刻板印象的窠臼，例如溫柔天真、善良但沒有一技之長，反而會受到玩家排斥。

此外，在被問及喜歡的感情描寫或角色路線時，臺灣乙女遊戲玩家的偏好也顯示，部分乙女遊戲的腳本確實蘊含了翻轉性別霸權的可能。

這些玩家所喜愛的關係腳本，有些翻轉了傳統的性別角色，例如：描寫女性也可以在自己的事業上有所發揮，男性則扮演位居幕後、默默支持與守護女性的角色。在女性玩家眼中，這類型的男性角色，「我會覺得他平常不用很突出，反正我就是喜歡強一點的女主角。平常女主角自己會有所發揮、會有自己的看法，可是總會遇到不會的事情，這個時候男主角就可以提出建議或幫忙。」

有些腳本則呈現較為平等的性別關係，例如：所謂「好敵手」或「好夥伴」的劇情描寫，前者設定女主角和男性角色處於競爭狀態，在數次交鋒後卻逐漸理解彼此並陷入愛河；後者則設定玩家所扮演的女主角必須在遊戲期間與各個男性角色合作達成特定目標。兩者都象徵著雙方的能力、地位是對等的，沒有明顯的強弱之分。

儘管如此，不可否認在乙女遊戲中，仍有許多劇本再製保守的性別意識型態。例如暗示女性必須扮演賢妻良母的角色、在危急時刻無法派上用場，只能等待男性英雄救美等。微妙的是，玩家對於這類遊戲的態度常是「愛恨交織」——他們一方面批評遊戲中的女主角軟弱無用，另一方面也在遊戲時刻意忽略女主角的存在，專注於品評男性角色的表現，包括挖掘角色性格中吸引人的特質、欣賞角色的外貌等等。換言之，對玩家而言，自我在遊戲中的虛擬認同就有如一雙鞋子，當玩家認同女主角的想法、渴望成為男性的關愛對象時，他們就會選擇踏進這雙鞋子，讓自己「成為」女主角。反之，當遊戲中的性別互動腳本不符合玩家期待時，他們就會選擇脱下這雙鞋子，恢復其現實認同，以自身原先的立場與價值觀評判角色之間的互動。藉此，玩家得以忽略文本當中的性別政治問題，在遊戲時獲得愉悅的感受。

擁有少女心的男角們

在乙女遊戲中，玩家最看重的莫過於遊戲對男性角色的刻劃。對玩家而言，遊戲中的男角引人入勝之處，就在於他們擁有「不像現實生活中男性」的特質。除了比真人更帥、背景設定更夢幻外，遊戲裡的男角和現實男性的差異，還包含了非典型的陽剛氣質與更加纖細、柔軟的情感表達方式。

普遍來說，臺灣社會對男性的期待是堅毅、勇敢、冷靜，不輕易的表露自己的感受和情緒，所謂的「硬漢」形象，正是主流性別想像中，男性被認為應該符合的陽剛氣質理想。然而，在乙女遊戲裡，許多男性角色表面上符合主流的異性戀陽剛氣質，冷淡、寡言、強悍、嚴肅而不苟言笑等等。但隨著劇情推展，他們也會展現出自己不那麼「男性化」的一面，像是擁有擅長做菜、嗜吃甜食、喜歡玩偶等一般被認為是女性的嗜好，或者表現出不符合男性刻板印象的弱點（看起來冷靜理智的男角其實怕黑、怕鬼），或是平常態度總是高高在上的男角在面對愛情時卻表現的笨拙、不知所措等等。這樣的特質常常被玩家稱之為「反差萌」，意指角色意外表現出和第一印象不同的一面。當角色的表現打破主流陽剛氣質的期待時，反而被女性玩家視為令人喜愛的萌點。

乙女遊戲的男角顛覆主流陽剛氣質想像之處，更明顯的表現在他們表達感情的方式上。誠如前文所述，遊戲裡的男角即使表面上維持著標準的「硬漢」形象，在與女主角（也就是玩家在遊戲裡的化身）的互動甚或親密關係中，他們會逐步揭露自己內心脆弱的那面。這部分的劇情往往是角色路線描寫的重點，可能是不為人知的創傷、長期壓抑的秘密等等，讓玩家更深入的了解角色的性格。

除了不吝於揭露自己的軟弱之外，乙女遊戲裡也常描寫男角在互動時對女性流露溫柔與關懷，常見的「弟弟」型角色更會向女性撒嬌。這種直接而柔軟的情感表達方式，事實上和臺灣社會對男性的要求有一定的落差。一位男性玩家如此形容：「乙女遊戲裡的男性角色，比較像是身體裡的魂魄是女生，只是披了男生的皮。」這樣的比喻正反映了在一般男性的認知裡，坦率地承認自己的感情、軟弱，或者表現的溫柔體貼等特質都是較為「女性化」的表現，而不是一般男性的生命經驗。

對比遊戲裡的男性，臺灣的社會文化很少在男性的成長過程中要求他們學習如何表達自己的情感，而男性團體當中崇尚陽剛的同儕文化，更要求男性壓抑自己的真實感受、避免自我揭露或表現脆弱之處，以免被貼上「娘娘腔」等女性化的標籤。壓抑情緒使男性符合主流的陽剛氣質標準，卻也阻礙他們養成同理、信任，理解他人情緒等維持親密關係所需的特質。因此，我們或許可以說，乙女遊戲所描寫的親密關係形態，比較接近一種共享的、相互揭露的親密關係。這樣的關係看重雙方平等的參與，向對方傾吐內心的想法與感受，以彼此互相理解。

遊戲裡的男性更擅長情緒勞動

談到乙女遊戲之於玩家的意義，我的一位女性受訪者曾如此形容：「就像男生看A片一樣，只是女生重視的是比較心靈層面的東西。」這個比喻乍聽之下或許有些抽象，卻傳神的指出乙女遊戲的特質。若說以男性為目標觀眾的色情片最大的功能，是在短時間內給予觀看者性慾上的滿足；乙女遊戲吸引女性玩家之處，則是讓玩家在和角色互動的過程中感受到愛與關懷，獲得情感再生產的機會。

從文本來看，乙女遊戲的劇情常見男性為女性提供情緒支持的橋段，例如：默默守護、照顧女主角，在女主角失意時給予鼓勵與安慰。當玩家所扮演的女主角面臨困難時，乙女遊戲裡典型的男性角色臺詞會是：「需要借肩膀靠的話就借給你，要我聽你說什麼我也會聽，讓我做什麼都可以。」、「至少在我面前，放鬆一下緊繃的神經，不也挺好的嗎？……如果你想找人依靠的話，就來找我。」對玩家而言，這類型的描寫正好凸顯了乙女遊戲的文類特質之一，「它討女孩子歡心或者是討顧客歡心的意識很強，男孩子們會特別願意對你說甜言蜜語」。在此，我們可以說相較於現實生活中的男性，乙女遊戲裡的男性角色更擅於進行「情緒勞動」。

所謂「情緒勞動」一詞，是社會學家 Arlie R. Hochschild 所提出的概念，意指個人控制自己的真實感受，盡力的使他人獲得被關懷或者愉快的情緒。在親密關係裡，「情緒勞動」是一種無形的「愛」的勞動，勞動的成果就是使對方感受到被愛、被關懷。如果對照遊戲與現實生活中的性別分工，現實生活中，女性從小接受的教育以及社會化的過程都教導他們要重視他人的感受、解讀他人的情緒，因此，在親密關係中，他們也常被期待要負起體貼、照顧男方等情緒勞動的義務。相較之下，乙女遊戲裡的親密關係描寫則改寫了這種分工，女性玩家在遊戲時很少需要主動付出，反而男性才是進行情感輸出的那方。

比較乙女遊戲和既有的女性通俗文化，文化研究學者 Janice Radway 曾分析女性閱讀羅曼史小說的原因，指出女性讀者在閱讀這類愛情小說的過程中，會把自己置於女主角的位置，想像自己受到男主角的關愛。藉此，這些在現實生活中擔任妻職、母職的女人，至少可以在小說所創造的世界裡放下為丈夫與家人進行情緒勞動的義務，獲得情感上的補償。同樣是描寫異性戀浪漫愛故事的作品，乙女遊戲不僅繼承了羅曼史小說的敘事傳統，賦予男性角色關懷女性的特質，電玩特有的第一人稱角色扮演、互動性等媒介特性，更直接鼓勵女性玩家把自己代入女主角的角色，接受男性角色的情緒勞動。

小結

從故事腳本來看，儘管不少乙女遊戲文本的性別想像仍相對保守，卻也有部分遊戲試圖描寫更為平等、不落性別刻板印象窠臼的親密關係。而檢視臺灣玩家對於乙女遊戲的偏好與詮釋，更可發現在遊戲的同時，玩家也試著與文本所傳達的父權意識型態協商，像是批判遊戲中的性別政治問題、抽離自身認同，忽略不符合自身期待的性別互動描寫等等。

對女性玩家而言，在乙女遊戲所建構的虛擬世界中，他們得以看見男性角色的自我揭露、展現更豐富的情感，滿足在現實生活中被忽略的情感需求。

讓我們真實地活著吧！

ONE PIECE 的性別詮釋

文—阿橘

《ONE PIECE》角色表現的性別詮釋，原是前陣子在自己臉書上所寫下的隨筆，當時信手捻來，亦是覺得一些角色在性別設定的處理上特別令人玩味。這些情節是否為尾田刻意安排的隱喻，我們不得而知，但創作者的作品內涵，必然源自於個人感知與社會集體經驗的交織，甚至早已內化於思維之中，從性別詮釋這一點看來，則是格外令人感觸，也有許多令人想像的空間。

據《ONE PIECE》設定的世界觀與時間點來看，在目前已知的故事劇情軸線上，時為「大海賊時代」，並在九百年前，有著一段「消失的一百年」歷史；故事中的勢力結構，則分為世界政府、海賊、與革命軍。

由哥爾．D．羅傑所開啟的這個時代，各

個有野心的男子漢們在海上爭霸，主角蒙其．D．魯夫，及其結拜兄弟波特卡斯．D．艾斯、薩波，便是受了這個時代的氛圍驅使，而立志成為海賊。在《ONE PIECE》的世界裡，「D的意志」一直是個相當重要的線索，不僅魯夫的父親與爺爺名字當中都有D，就連近期的人氣角色羅，帶有D的血緣設定也明朗化。

從《ONE PIECE》的整體架構來看，少年漫畫仍不脫強大的父權傳承，檯面上，D的繼承者也都是男性，尤其在主角兄弟身上，父權傳承的痕跡更是明顯。然而作為羅傑嫡長子的艾斯，一生卻始終為血緣所苦，他不僅選擇繼承母親的姓，選擇與無血緣者成為兄弟，然後選擇羅傑的死對頭白鬍子作為自己的父親。魯夫雖然有明顯的血緣系譜，可是這個系譜的社會位階亦分崩離析，毫無倫理可言。魯夫的父親多拉格，無視身為海軍的父親卡普（魯夫的爺爺），以革命軍領袖的身分，逐步推翻世界各地的腐敗政權，父子兩人可說是處在完全敵對的立場上。魯夫也沒有繼承父親的革命志業，而是選擇自己所認同的生存之道，成為了海賊。而故事當中所出現的女人國「亞馬遜百合」，雖然是明顯的母系社會，但成為該國皇帝的要件卻是以戰力取勝而非血緣論。

尾田栄一郎似乎欲在《ONE PIECE》的時空當中，凝聚出一個如草帽一行人般，沒有上下階級的理想國，讓每個人有機會成為自己理想中的模樣。然而這個理想國度的建立並非透過破壞或否定，因為破壞與否定（抹銷）正是當下政權（世界政府）的支配手段。或許，我們也可以把這個故事，讀成在既存秩序裡，一面維持，一面革新，擴充眾人參與的機會。

由女性所開啟的新時代

在這個男子氣概滿點的海賊冒險世界，即便是如此硬派的「D的血脈」，女性不僅未曾缺席，更以各自不同的姿態展現出柔韌而堅毅的政治參與，撐起表面上由男性權力所開展出的政治舞台。

艾斯的母親——波特卡斯·D·露珠，為了保住孩子不受世界政府的追殺，在羅傑死後的一年三個月，也就是「懷胎二十個月後」才生下艾斯，因此耗盡氣力身亡。娜美的養母海兵貝爾梅爾，為了保護娜美以及亦無血緣關係的女兒諾琪可，代替兩人犧牲自己，換抵進呈給侵略者惡龍的納貢。魚人島王國的乙姬王妃，即便貴為一國之母，仍為了魚人、人魚，與人類種族間的平等共存而四處奔走，終亦如為黑人人權而戰的馬丁·路德·金，遭到激進魚人分子所槍殺。

母親角色固然稀鬆平常，但強韌的母親角色不僅鋪陳出深刻的情感厚度，同時我們還能見到故事當中對於母系傳承的著墨。透過「孕育」（無論生理或是心理的），以一種軟性的姿態，寧靜卻有力地擾動著《ONE PIECE》時空的歷史走向，進而開啟目前活躍於《ONE PIECE》舞台的新世代。這三位母親的形象與意志不僅是故事中的經典代表，以生命所捍衛的普世價值也一同流傳到了未來。處刑臺上的艾斯最後終於了解，自己的誕生並非詛咒而是祝福，無論來自多麼「罪大惡極」的血脈，都該坦然地接愛與被愛。

年幼的娜美自從目擊貝爾梅爾被惡龍槍殺的那一刻起，便倚賴著犧牲小我（為惡龍工作）完成大我（買回整個村子脫離惡龍掌控）的意志而活。乙姬不僅將種族之間的和平盼望留給了後人，自己的女兒白星，更是數百年來才會出現的人魚公主，是能夠與海王類對話的「王」。

白星公主在平時固然是個愛哭鬼，但在關鍵時候便會展現出無比的勇氣。《ONE PIECE》當中的「王女」們，似乎都具備著這樣的特質，不僅是所謂出身高貴、養尊處優的公主。曾經作為草帽夥伴一員的阿拉巴斯坦王國公主薇薇，為了阻止國家因久旱而陷入內戰，放下身段，不惜冒著生命危險，親自潛入地下組織「巴洛克華克」臥底。近期在多雷斯羅薩劇情中十分活躍的劍鬥士蕾貝卡，原本亦是利克王族的公主，之所以成為劍鬥士，更是為了自多佛朗明哥手中奪回被竊取的利克王政權。

娜美與羅賓：掌握國家機器的權力關鍵

娜美與羅賓是草帽一行中唯二的女性，身世多舛，十分令人動容。娜美為求生存，從小強迫自己快些長大，不惜背上盜賊的黑名，只為了將村民從惡龍水深火熱的統治中解救出來。娜美擅長海圖繪製與天候觀察，夢想是畫出屬於自己的世界地圖。以草帽一行人在船上的角色分工而言，娜美擁有清晰方向感，在船上擔負著重要領航工作的，相較於戰力強大卻是個超級大路癡的索隆，堪稱各擅勝場，不流於性別的刻板印象。

現實世界的十五世紀，在地理大發現時期，能夠派遣船隊並掌握航道是立足國際的重要實力——精確的海圖，更可說是國家技術水平的象徵。在大航海時代，娜美可說是掌握了邁向強權與致富的關鍵鑰匙。

妮可．羅賓的故鄉遭受海軍亡國滅族，正是因為其「禁忌的血脈」——世界上僅存能閱讀古代文字的歐哈拉族裔。羅賓考古與歷史研究的天分，亦是來自母系傳承。羅賓以考古學家的身分成為魯夫的夥伴，目的是為了找尋散落在世界各地，刻著「歷史本文」的石碑，收集在「消失的一百年」之間所發生，卻散逸在各處的真正的史實。世界政府為防堵這段歷史公諸於世，無所不用其極，斥羅賓為「惡魔之子」，撲天蓋地施以各種獵巫式的迫害。尾田將這個沉重的使命交給身為女性的羅賓，預見了《ONE PIECE》世界的歷史書寫將由女性擔綱。羅賓在與夥伴們分開的「兩年間」，與革命軍進行了密切的接觸，毅然站在與官方敵對的立場上，展開記錄與詮釋。

領航員與考古學家，因為無法展現出強勢的壓制力量，在少年漫畫當中固然是顯而易見的輔助角色。然而在現實世界裡，娜美與羅賓實則掌握了國家機器當中最為關鍵的權力位置。地理與氣候的空間資訊具有高度的戰略意義，歷史真相的解讀則隨時能夠顛覆統治的正當性，更遑論多佛朗明哥，正是靠著扭曲的歷史事件，竊取了多雷斯羅薩的政權。無怪乎不管武力多麼強大，在娜美與羅賓面前也得畏懼三分了。

革命軍與新人類：酷兒群體的政治參與

提及了諸多的女性角色之後，接著得來說說關於香吉士的男人緣（！）。雖然動畫官方相當地明目張膽，但今天就先別管「索香」了吧！。

尾田總是戲謔地說著大胸部和內褲，描繪許多性感撩人的女性軀體。儘管如此，他刻劃女性與中性角色，無論是角色的經歷或生命史，叛逆現實的程度，時常令人驚訝。

在官方劇情的設定上，香吉士作為一位異性戀特徵十分外顯的角色，不僅就這麼剛好的被具有瞬間轉移能力的大熊拍飛到人妖王國，就連在巴洛克華克篇當中的交戰對手，也是以「人妖道」行走江湖的 Mr.2 馮．克雷。

有趣的是，香吉士口中雖然對他們嫌棄得要命，但無論是在小馮承認自己落敗後伸手拉他一把，或者在人妖王國修業的兩年間，大受人妖們的歡迎，這些情節的背後，其實也反映了香吉士對於人格特質的正面肯定高出性別界定，除了是異性戀男性對於跨性別者的肯認，而更「超譯」一點的說法，則是暗示香吉士亦是其中一員，只是口頭上還在鬧彆扭不願意承認。（當然你也可以說那只是設定上有趣）

此外，身為革命軍的人妖王伊娃柯夫，所提出的「新人類主張」，最重要的核心概念正是多元性別與自我認同。在《JUMP》這種超級主流的漫畫刊物裡，表現性別議題不但不容易討好，也有相當的風險，但尾田終究還是使用了，而且安排得相當巧妙。推進城監獄中的「5.5 層」裡，一群屬於新人類的小宇宙，在監獄此一父權無比強烈的象徵場域當中，有群被定義為反抗者的異類，正在建構自己的理想國。在這國度裡，與他們不同者才是異類，族群成員均來自於監獄的囚犯，而要成為這裡的一員，只要認同即可；成為一員之後，即便在監獄裡，精神上也許還比監獄外的世界更自由。

伊娃柯夫作為跨性別族群的首領，同時也是革命軍當中重要的一員，這也代表著跨性別族群在《ONE PIECE》世界裡的政治參與，是鏗鏘有聲的，是舉足輕重的。Mr.2 馮克雷可說是個點，藉由他在監獄中找尋伊娃柯夫的線，拉出新人類跨性別族群的面。魯夫持續與這群人交心，而香吉士也屢次與他們接觸甚至獲得幫助。假若魯夫未來將握有這個世界的支配權力（成為海賊王），亦可以看做這個未來的權力核心與跨性別族群們的友好。

《ONE PIECE》的故事之所以深刻，正是因為每個角色背後都有一條詳盡的生命脈絡，從不是為了填塞而造，他們都在《ONE PIECE》的時間當中真真實實地活著。

這些圍繞著諸多女性或跨性別角色而開展的動人情節，不僅帶著深刻的情感，也為少年漫畫固有的奔騰熱血，添上了許多溫潤而細膩的質地。在此也就不妨試著想像一下，當「D」的意志真正展現之時，《ONE PIECE》將會成為什麼樣的理想國吧！

COSPLAY！
二次元走入現實

COSER、偽娘與跨性別的下午茶時間

整理—王佩廸

COSPLAY（コスプレ）是英文 Costume Play 的「和製英文」，在臺灣則簡稱「COS」，指 ACG 粉絲訂製服裝和道具，扮演 ACG 作品中特定角色的行為，而這些將二次元角色重現在現實世界中的粉絲們則稱為 COSER。

日本自七〇年代 Comiket 創辦以來，就已經有 COSPLAY 活動在會場出現，臺灣則是在一九九〇年代才陸續出現有一些公開的 COS 活動。

此次對談中的幾位來賓，大多都是從九〇年代末或二〇〇〇年代初就已經開始投身 COS 圈至今，扮演的許多角色中，也不乏與自己生理性別不同的動漫角色。因此，來賓們在暢談臺灣 COS 圈的風風雨雨之外，也針對最近很夯的「偽娘風潮」進行了精彩的對話。

紙袋

興趣有 COS／攝影／畫圖。綽號紙袋的由來是因為第一次男扮女裝，是在和高中社團學姊的玩笑下，用速食店紙袋套頭，並穿上水手服，充當同人攤位的看板娘。

Yuuki

公館某大學生。對 ACG 文化熱衷，特別是音樂遊戲。因性別認同之故，對偽娘和相關作品有所研究，雖不曾 COS 過，但人生不也就是一場角色扮演，自從穿起女裝之後，感覺活得更像自己。

冰晝川

資深同人女。出過不少同人本，COS 女角，也出過男角，不過個人有特殊習性，不給拍照，因此對臺灣的 COS 圈雖了解但涉入不深。

宿原僎

資深同人女。早期也是一邊出本一邊 COS，直到上大學念服裝設計系之後，轉換軌道專做 COS 服和娃服。並在高中職動漫社團擔任指導老師。目前希望 COS 相關的碩論能早點完成。

臺灣早期 COS 圈的樣貌

編　首先，問一下各位大概是在何時、在什麼樣的契機下開始 COS 呢？

冰　一九九九年考上大學時，感覺應該要做一些大家沒辦法做的事，學經驗，所以跟朋友借 COS 服，扮演第一個角色《封神演義》的王貴人。當時還是早期 CW 的時代【註1】，同場次大部分都還是同一個作品的時代，而且大多數人並沒有化妝也沒有戴假髮，因為假髮還不普及。我那時還出過男角玖月牙曉【註2】，當初那頂白色假髮超貴，比其他服裝整套還貴。

宿　我有朋友也曾 COS 玖月牙曉，用尼龍繩做假髮，照片看起來其實還不錯。

冰　那時我還試過染髮，不過效果很獵奇。當時的 COS 就是這麼樣土法煉鋼，好在當時年紀輕可以這樣搞。像我出鞘繼【註3】的時候，原作還沒有出彩稿，整隻手都是貼網點黑黑的，我就用壓克力塗料把手塗黑，很傷皮膚啊！

宿　我第一次 COS 的場次是 CW1（一九九七），剛開始是一邊出同人本一邊出 COS，後來課業忙起來，只能做 COS 服和幫忙朋友畫插畫稿，就比較少出角。要嘛也是等我論文寫完才能卯起來狂玩吧！

紙　其實我出角的數目很少，到目前為止大概十到十五個而已。一開始是喜歡畫畫，有當過漫畫家助手，現在則以攝影為主。正式 COS 的第一個角色是《飛輪少年》的亞紀人，約莫是二〇〇三年 CWT 寒假場。當時也是還沒彩頁版本我就出角，只要製作外套，自己髮型也剛好。本以為角色的頭髮是黑色，沒想到後來出了彩稿才發現頭髮是藍的，這大概是我的黑歷史吧，圈內人都會非常在意。

冰　現在如果你 COS 沒有戴假髮、有色隱形眼鏡、化妝，就會變成被人攻擊的把柄。事實上，這個圈子很大成分就是在秀財力，看你衣服能夠做得有多好看、材質剪裁多好等等。

編　的確，COS 服價格似乎都不便宜，對青少年而言也算是經濟負擔。你們的 COS 服都是怎麼製作的呢？花費金錢的範疇大概多少呢？

紙　我出一個角色的費用都相對地高，所以才沒有很頻繁的出角。像我曾COS過《Macross Frontier》中穿軍服表演的雪麗露，因為要特別顯露身材，需要很貼身的剪裁，我當初找圈內知名的服裝工作室訂做，一套要兩萬二。

冰　還好啦，你知道我也是常出那種需要花大錢做COS服裝的角色。

宿　冰晝川的COS服是工夫和材料都很貴，而且常常要找的是特殊材料。

Yu　那像晚禮服那樣的COS服不就很貴？

冰　有些晚禮服其實可以買現成的去改，一件才五百元。

紙　其實現在價格也可以壓很低啦！之前有個民權阿姨時代（約二〇〇六年前後），接案子之後外包代工，把訂做COS服的價格普遍壓低，以前要四、五千以上，之後壓低到兩千上下就有。

冰　其實要更便宜的話，還可以上淘寶買中國大陸製的。

紙　圈內人也是有很瘋的。像之前有看過《凡爾賽玫瑰》男女主角的服裝，光布料就六萬，訂做時還特地要求按照圖片中的花紋去刺繡。還有在最近的艦娘場上，也有光是身上道具就花費十八萬的。

冰　所以我說這圈子有一部分是在炫耀財力。

Yu　COS 最原初的精神不是炫耀自己對角色的愛嗎？

紙　就各種愛恨情仇交織下來啦！不過沒有錢真的玩不太起來。

冰　我原則上是以自己快樂為主，而且我跟其他 COSER 不太一樣，我討厭被人拍照。陌生人來拍我一定會扁你！所以我跟是非圈的人就離得比較遠一點，頂多就是被人說有個奇怪的 COSER 完全不給人拍。

紙 我剛好相反，我自從開始攝影之後幾乎是來者不拒，結交了不少圈內友人，也對這個圈子的大小事都有耳聞吧！

COS圈的各種風波

編 聽說COS圈內有所謂「黑版」的存在，利用網路匿名性去指責那些COS不被接受的對象。

紙 黑版現在K島就有三個，不公開，知道的只有真的很熟的人。通常會被貼都是因為太高調，或是太裝熟、不懂得如何正常地與人相處的人。COS很糟糕會被貼上去的，大部分都是因為他又做了其他不OK的事情才會被貼出來。

Yu 愛裝熟的、有點色的、借錢不還的、感情糾紛啦。不過我印象中COS不好的話也會被拿出來打。

紙　這圈子異質性很高的。有些人會說，「我愛怎麼穿干你屁事，自己開心就好。」可是我認為 COS 本身在於模仿、在於復原那個原本的角色，所以 COS 一個角色就應該要盡力扮演到越像越好，我是比較偏基本教義派的。所以若是在角色上加些自己的裝扮，然後說這是自己出的自我版，這就不符合 COS 的精神了。當然這樣做就應該要有心理準備，很可能會被人拿到黑版上去罵。另外還有像破壞公共藝術和踐踏草皮這些議題也會被貼到黑版上。公共藝術本來就是要與大家互動的，可以讓人去碰觸或靠著休息，可是後來不知道哪一票人發瘋了說，「這是藝術品，不可以坐上去。」這些人拿出來罵之後，大家就不敢去玩，以免招惹麻煩。

Yu　臺大的學生還不是照樣玩這些公共藝術，附近的居民也都把臺大當公園，草坪照樣踩、照樣坐，可若是 COSER 跑到草坪上拍照卻又會被罵，這是什麼道理！

紙　很妙的是主辦單位真的拿出臺大的管理條例，說草皮在維護期間不可以踩，有規定喔！總之，這些有時只是為了「婊」某人而特別訂的潛規則。不過，過去也曾發生很糟糕的破壞事件，像是在師大分部的某次活動，有 COSER 在廁所使用染髮劑，弄得到處都是噴漆，還假毛滿地；在臺大體育館活動期間也常常會有人跑去附近的某系館上廁所，然後就順便把放在裡面的東西帶走。總是會有這樣的事情發生。

編 多年前網路上曾流傳一篇幾個網路論壇訂定的 COSPLAY 聯合聲明，要求 COSER 遵守。

冰 這基本上是自律啦！真正有法規約束的應該只有亂丟垃圾是可以開罰單吧！

紙 自我要求啦！

Yu 我倒覺得這是自我閹割。像這種以圈內道德標準去規範、甚至制裁他人的方式，等於是侷限了 COS 文化的各種可能性，就跟「男人就應該像男人」的社會規範一樣是霸凌行為。我覺得我這一代或者更年輕的人可能就比較不會管這些。

編 你是指現在年輕的 COSER，或者普遍年輕人，對於各種異質性的包容度都比較大的意思嗎？包括「偽娘」或其他各種跨性別的存在嗎？

Yu 雖然沒有明確數據說明，不過我覺得現在年輕一輩的網路匿名罵人有些改善啦，像是Facebook的COS社團已經有比較大比例的人會幫講話，而非一面倒。我認為差異在於新一代比較不會遵從上一代的傳統，接觸到的性別思想也是比較多元平等的。像是幾年前男生穿內搭褲會被笑，現在男生各個都穿內搭褲走在路上，這會隨著流行改變。

紙 我覺得以更長遠的角度來看，其實只是流行的輪替而已。像維多利亞時代也流行過男人擦香水、穿高跟鞋、戴假髮、著緊身褲等等。而中國古時候不管男女也都是蓄長髮。偽娘風氣以前是見不得光，現在則可以被看見，這樣而已，並不是說是現在才存在的現象。

偽娘定義？

編 紙袋的意思是說，穿裙子或留長髮被認為是女性特質也不過是這個時代人們的認定，其實性別特質是會隨社會文化而改變的。在動漫作品裡也常常有男生留長髮，甚至有許多面容姣好、妖嬌可愛的男身美少女，也就是所謂的「偽娘」，甚至延燒到三次元世界。

不知道你們對近來的偽娘風潮有何看法呢？

Yu

日文一開始是用男の娘（おとこのこ）這個詞，成為一種動漫角色的「萌屬性」而開始流行。中文的話主要是因為在中國有個人叫劉著，參加《快樂男聲》歌唱比賽，打扮成女生的樣子好去唱女生的歌，結果被評審打斷了好多次問說，「你真的是男生嗎？」因而走紅。中文偽娘這個詞從此常常被用在形容現實的女裝男子。就我的觀察，這十年來網路媒體對於偽娘或跨性別的報導變得友善很多，雖然還是偶有些獵奇性的報導，但相對比較少，網路上的回應較為友善。我認為原因之一就是動漫文化，尤其是年輕人對動漫作品的多元性別接受度比較高。雖然並不是所有動漫作品都有助於了解跨性別，畢竟仍是娛樂性居多，但是像《笨蛋、測驗、召喚獸》裡面偽娘角色秀吉的走紅——秀吉的性別就是秀吉——這句話影響到三次元世界。當有人說「×× 的性別就是 ××」，講出這句話大家就了解了。

編

不過，「偽娘」的定義在二次元和三次元似乎不太一樣。剛剛我說在動漫中長得像美少女的男生被稱為偽娘，但事實上並沒有顧慮該角色是否有對應的性別認同；在三次元，也就是現實世界，偽娘的定義又是如何呢？

紙 我比較偏早期的解釋，就是心理比較偏女生，但身體保留男性的狀況。

Yu 以二次元角色而言，偽娘與否和自我性別認同無關，只要生理是男的，看起來是女的就可以套用。他可以是自己想要變性、或被迫扮裝、或者是自然表現出中性或陰柔氣質（如秀吉），廣義而言都可稱為偽娘。但是在現實社會中，偽娘就需要自我的性別認同。通常是ＣＤ（cross-dresser）比較會認為自己是偽娘，不過也不是每個人都同意這樣的定義。

紙 我就比較像是ＣＤ，但不認同是偽娘。公視曾經找我去錄製一系列的偽娘專輯，但因為我自己不是心理上認同女性的偽娘，所以就拒絕了。我覺得我自己比較像所謂的ＣＤ，就是會穿女裝，但性別認同仍是男性。我現在身上這件上衣就是女裝，平常是不會穿裙子，但在選衣服時，因身材的關係，有時候會選女裝來穿，因為女裝有腰身，版型比較好看。說真的，男生的衣服都很醜，太寬鬆了。

冰 我對偽娘的定義大概就是一個光譜的樣貌吧！一端是女裝癖，另一端是性別認同有轉換（認同轉為女性）成為人妖，介於中間的就叫偽娘。

宿 我沒有很明確的定義。不過我想問的是，偽娘和女裝癖到底哪裡不一樣呢？

Yu 應該是一樣的意思。偽娘通常是女裝打扮比較好聽的講法。

編 當紙袋在 COS 女角時，會介意別人稱呼你偽娘嗎？其他名詞像是反串、人妖呢？

冰 （幫紙袋回答）唯一不能說應該就是人妖吧！

紙 人妖的話通常是我出男角的時候被這樣講。

（啥米!?眾人驚呼。）

紙 像我現在穿這樣會在路上被人叫小姐。真的不誇張，今天我還有刮鬍子，可是有時我沒刮鬍子還會被叫小姐我就覺得很誇張。以前頭髮長的時候更常發生呢！

扮女角經驗談

編 紙袋最初為什麼會想要扮女角的呢？

紙 一開始是朋友起鬨先試穿襪子，然後穿裙子，結果整套水手服就穿起來了。不過這只能算是普通看板娘，還不是 COS。一開始 COS 的角色其實是男角《飛輪少年》的亞紀人，然後是《鋼彈 00》的阿雷路。

冰 都是比較女性化的男角。

紙 用陰柔形容比較好啦！第一個正式 COS 的女角應該是《瑪奇》【註4】的女魅魔。

Yu 這是我被煞到的角色之一，超漂亮的，紙袋是我崇拜多年的偶像。

紙 當時衣服和假髮都是用買的，自己做假胸，但拍到後來壞掉，只好用兩顆沐浴球代替，因為那套衣服剛好胸前是一層紗，剛好遮住，才可以擠成那樣。

Yu 你之前就曾經拍過幾張身材特別好的，請問是你自己就這麼瘦還是有什麼撇步嗎？

紙 要拍成那樣是要跟攝影師協調，請他調角度的。而且我對照片要求比較多，所以攝影師如果希望拍得比較色氣，我都不介意做出各種姿勢。如果這角色本身很淫蕩，我也可以做出淫蕩的動作。不過因為我是男的，攝影師通常不會主動要求，都會是我主動的。另外也可能跟化妝有關，因為幫我化妝的人會把我畫得風塵味蠻重的。

編 你特別喜歡挑一些性感的角色嗎？

紙 不一定。我也想挑正常的角色，像是《新世紀福音戰士》裡的真希波，但一直沒時間和預算。之前有些是朋友糾團，像是《七大罪》【註5】的強欲。強欲的胸部跟我的臉一樣大，那個假乳其實是硬的，再用泡棉的衣料包住。從照片看露出度其實還好，在現場看就會覺得很暴露了，背後是全開，而屁股根本也不能墊什麼東西，因為幾乎是全裸。另外早期雪麗路的軍裝（出自《Macross Frontier》），唱歌到一半還會脫掉外衣，變成兩段式的小可愛和熱褲，這套也是下面露得很多。

編 對你而言，COS女角有什麼樣的成就感或愉悅嗎？

紙 有幾次在會場沒有人知道我是男的。大概是這種偽裝得很成功的愉悅感吧！

編 男生扮演女角需要特別做些什麼功課呢？

紙 男生和女生的骨架是不一樣的，有些姿勢只有女生才做得到（比較柔軟），所以照相就要努力地扭腰、取角度，運氣好可能會遇到一個會幫你喬動作的攝影師。另外，洗澡時可以多花幾分鐘在鏡子前面搔首弄姿一下，就好像女生思春期的那種感覺吧！心想該如何才能電到喜歡的男生之類的練習。還有，因為我有在畫圖，會比較在意手指，平常拿杯子的手怎麼擺，會特別注意手指可能要併攏、指節會有不同的彎法。再來就是要懂得利用一些不用整形手術就能做到的變妝效果，像是用透氣膠帶拉臉型、雙面膠貼鬢角，然後用假髮遮掉膠帶等等。

穿女裝的困擾

編 Yuuki 是平時就穿著女裝，以女性的樣貌呈現在眾人面前，而紙袋則只有偶爾在 COS 場合才會扮演女角。兩人都有穿女裝的經驗，對你們而言，這會造成你們生活上的甚麼影響或是困擾嗎？會被周遭的人反對嗎？

紙 會啊，幾個男性朋友一開始都還蠻排斥的，會說你幹嘛這樣，扮了也不好看。他們是以所謂「複製大軍 Model」的標準去看，但是當他們實際真的進來這圈子看了之後，就會說其實還可以接受。

Yu 像我開始扮女裝之後，有些朋友會不知道該如何和我來往互動，不過因為我跟他們的相處互動沒變，他們也就慢慢明白、接受了。當然，家長還是會擔心，甚至會覺得他們在別人面前抬不起頭，但我覺得最後還是要為自己而活。還有，要經濟獨立，要過得比那些嘲笑你的人還好。

紙 我很早就給我爸媽看過我 COS 女角的照片，我媽嚇得說不出話來，是怕我染上什麼壞習慣，像是吸毒啦；我爸就說，喔，還不錯。他是開玩笑的，他常酸我說什麼時候會帶個男朋友回家。如果我真的是同性戀可能會覺得ＯＫ，可是我不是，所以感覺有點複雜。

Yu 我以前穿女裝會有愉悅感，感覺被對待的方式比較正確，後來我覺得這已經不是裝扮，而是自己該有的樣貌，自己這樣比較自在。可以打扮自己還滿快樂的，至少男生不能這樣做。另外還可以跟女孩子一起逛街，不是出自別有居心的那種，跟女生關係比較好這件事還滿令我開心的。當然，我並非這個原因才去跨性別，因為，遇到的負面效果其實更多。

紙　對我而言，倒是女性朋友會比較困擾。就是有些女生會很在意男生比自己長得漂亮，當我想追的對象這樣講的時候，我其實也蠻挫折的。不過因人而異啦，後來也有認識女性COSER的男朋友也很帥、很正，甚至也有被逼去穿女裝之後發現新世界的。每個人接受度不同。不過，女性朋友可能還會有一種困擾：因為我認識很多女生，好友圈當中女男比例大概是四比一（COS圈的女男比例大概是九比一），因此我對女生的了解可能比一般男生多很多，所以女性朋友很難跟我唬弄裝傻。嗯，如果有女朋友，或許會更加困擾，因為我的交友圈都是女的，女朋友的不安感可能就會很重。

COSER與攝影師的關係

編　COS圈裡面的女男比例居然有九比一，差距這麼多啊！不過，也常在活動中看到女性COSER的周圍會圍繞著一群男性攝影師。臺灣的COSER和攝影師的關係通常是如何呢？

紙　女性COSER露出度高的話一定要自己注意，的確有些攝影師會喜歡追著COSER跑。

在公開場合像是同人販售會或動漫展上，本來就沒辦法過濾每個人的狀況，自然要面對各種奇奇怪怪的事情。像我遇到過最好笑的狀況，是在某屆國際書展，我受邀出《公主公主》的角色，還剛好兼任主持人，當時我在臺上穿著歌德蘿莉大長裙禮服，當時臺下就有幾個奇怪的人拿著小數位相機一直在拍我的裙底，我想說他們聽到我的聲音應該知道我是男生，真不知道他們想要拍到什麼！

Yu 對於喜歡偽娘的人而言，聲音不重要。

宿 還有攝影師會故意抱小動物去會場，讓女生卸下心防跟動物玩，然後拍一些他自己想要的角度。

Yu 我覺得不要拍違法的東西就好。

紙 分情理法來看的話，很多事情都是不違法，但就是不合情、不合理。所以說日本COSER對裙下風光還滿重視，會特別打理的。臺灣的話，有些人覺得還好，就給你看又不會怎樣。而我是會先警告。

冰 我老公的說法就是，你在現實上無法得到正常的回報，所以才會在非現實的地方追求。原則上就是無法處理自己的挫折跟精神問題。

宿 不能說都是，只是比例真的高了點啦！

紙 其實日本 COSER 和攝影師的關係和臺灣的情況差異很大。日本有所謂的專屬制，也就是一個 COSER 對一個攝影師，不像臺灣一個攝影師可能對兩、三百位 COSER 拍照。此外，日本的 COS 攝影通常都不是走藝術美感路線，他們的攝影純粹是為了一個人去做，呈現出那個 COSER 最好的一面，並不會很重視構圖。事實上，臺灣的攝影水準一直是世界級的，臺灣想走真正創作的攝影師非常多，所以會特別要求構圖、角色投入、道具、背景、衣服等。臺灣就有一些攝影棚提供 COSER 各式各樣的場景和道具，例如歐風的場景布置，讓他們去租用拍攝。這比起外拍要輕鬆很多。這樣的攝影棚在臺北至少就有七到八間，消費額度不一定，通常是小時制的，或者算人頭。

編　聽起來，雖然臺灣 COSER 和攝影師的關係可能比較複雜，但所呈現出來的多元樣貌，似乎也蘊含著豐富的創意與藝術價值。現下臺灣動漫相關活動非常頻繁，COS 文化中偽娘或反串的機會也隨之增加，與年輕人對性別多元的包容度有著相互影響的關係，也希望偽娘或跨性別者能逐漸得以被正常化對待。

今天非常感謝來賓們試圖為我們勾勒出臺灣 COS 和偽娘文化的樣貌，雖然僅能呈現出片段的描繪，但透過這些討論，希望可以讓社會大眾不要總是以獵奇的角度看待 COSER 和偽娘。

附註

註 1　ＣＷ是 Comic World 的簡稱，日本ＳＥ株式會社來臺灣和捷比漫畫便利屋合辦的同人即售會，一九九七年於臺灣舉辦第一屆活動，不過後來因ＳＥ退出臺灣市場而取消。後來於二〇〇二年舉辦第一屆ＣＷＴ（Comic World Taiwan）的主辦單位為「臺灣同人誌科技股份有限公司」。因此，ＣＷ的時代是一九九七至二〇〇二年間。

註 2　Clamp 作品《X聖傳》中的長髮金眸美少年。

註3 岡崎武士作品《精靈使》中的反派男角。

註4 《瑪奇》是遊戲橘子代理的線上遊戲。

註5 是 Hobby Japan 推出的模型企劃，由繪師 Niθ 擔任角色設計，並透過網站和讀者互動，然後由畫家畫出插圖。角色形象的特色是身材圓潤且衣著性感的女魔王。

COSPLAY與夢想

女僕咖啡館的慾望邊界

文—林穎孟

「女僕是什麼？」十個動漫迷，或許八個會回答你：「女僕是一種COSPLAY！」，最後兩個則或許會告訴你：「女僕是一種夢想！」對熟悉日本文化的臺灣動漫迷來說，女僕是一種如呼吸般存在於各種動漫文本的角色。如果你隨意指著情趣商店擺放的仿絲質女僕衣物，動漫迷可能還會告訴你，那是假的，那是成衣，那個很low，那不是真的女僕裝。如果想要在日常生活中見到女僕，大家肯定會推薦你到「女僕咖啡館」。

COSPLAY的身體與慾望邊界

「女僕咖啡館的女僕，是一個COSPLAY的角色。」基本上這樣的說法並沒有任何錯誤。簡單來說，COSPLAY之於女僕，是母集合之於子集合的關係，兩者都來自日本ACG次文化。

九〇年代初，由於全球通訊與交通技術的普及進步，使得日本動漫得以外銷至世界其他國家並頗受好評【註1】，成為日本重要的出口貿易經濟之一。而隨著日本ACG產品輸出貿易的成功，同好者相應所產生的ACG文化，也形成一股衝擊當地文化的跨文化（cross-culture）現象。臺灣ACG市場在此趨勢下主要承襲或移植自日本。而在臺灣的ACG同好社群中，實踐日本ACG文化核心價值最常見的活動，便是「同人誌販售會」和「COSPLAY」。

雖然臺灣主流意見對於這些赤裸裸地動漫狂熱、或將動漫幻想具體化的活動，經常以一種獵奇式的方式觀看，例如明明和偶像追星差不多，卻會特別放大檢視瘋狂衝向會場而相撞跌倒的動漫迷，或將COSPLAYER視為怪咖等等，但對ACG同好者來說，「同人誌販售會」和「COSPLAY」都是一種對次文化的實踐，這些實踐都是建立在慾望之上，即「對ACG文本或角色的極度喜愛」。其中同人誌創作是以文本媒介的再生產，透過「本子」建立一種「創作者與讀者」的關係；而COSPLAY則是以身體為媒介的再生產，從「身體影像」建立出「被攝者與攝影者」的關係。

過去以來，COSPLAY 作為同好者的身體展演活動，通常被認為這是個人化程度十分高的ACG文化自我實踐，擁有較多的自由性和創造性。然而，以性別社會學的角度來看，儘管身體可以作為一個空間展現個人意志和慾望，但也不可避免地同時成為被慾望凝視的客體。當然，「作為客體被凝視」並非原罪，只是有必要釐清其中各種權力關係如何角力、如何作用於身體、造成何種效應。倘若權力關係造成任何人或群體的直接傷害，我認為有必要重視。

事實上，COSPLAY 因身體與權力等角力而產生的傷害，一直有待改善。與多數展示身體如 Showgirl、模特兒等活動相同，COSPLAYER 多是女性，攝影者多為男性，且由於 COSPLAY 強調服裝道具精美的需求，大多需要誇張化妝、製作衣服，因此受臺灣傳統性別文化教養的男性較不易接受，加上ACG產品的主要消費客群大多為男性，熱賣人氣的「萌角色」多為女性外形，女性扮裝門檻相對較低，也更容易成為注目的焦點、被拍攝成許多影像。而在這種大型公開的拍攝活動裡，拍攝者與被攝者的權力關係十分具有張力。

COSPLAY 的特色是「『動』不演，『靜』才演」。換句話說，就是 COSPLAYER 進行走路講話等動態行為時其實並非在 COSPLAY，而是在休息等待「拍攝者」前來拍攝。只有當動作全部靜止，在被拍攝的幾秒中擺好靜止的神情姿勢，才是真正 COSPLAY 的時間。然而，在那一瞬間，不動的 COSPLAYER，經常無法決定行動中的拍攝者用什麼角度拍，或指定哪裡最值得拍，一張照片所呈現出的 COSPLAY 完美與否，一個 COSPLAYER 值不值得被拍，拍出來漂不漂亮，除了 COSPLAYER 本身的條件與用心外，絕大部分比重還是由「拍攝者」決定，而這些 COSPLAYER 是否能受到矚目，還是取決於由「拍攝者」拍出的影像，以及其他觀看此影像的ＡＣＧ同好「閱聽人」。

誰掌握了攝影權力，誰就掌握了話語權。當特定一方自認可以擁有另一方的話語權時，隨之而來的權力問題，便可能成為一種傷害，而在性別壁壘顯著的 COSPLAY 場域，所帶來的幾乎就是性別上的傷害。在 COSPLAYER 尚未累積名聲之前，便可能要面臨許多血淋淋的侵害事件，例如：非經本人同意拍攝的 COSPLAYER 照片，出現露底褲、露乳溝、穿幫、只有腿或手或胸等各種奇怪角度，或是將安全褲擅自修圖成白色內褲等等，這些影像被上傳到網路供大家欣賞意淫的狀況層出不窮。然而 COSPLAYER 卻無法禁止其發生，因為相機快門按下去的一瞬間，是由「拍攝者」來操作。慾望的邊界由拍攝者或閱聽人界定，COSPLAYER 的身體幾乎是可隨他人慾望而修改的物件。

這種存在於 COSPLAY 場域關於慾望的權力困境，讓許多人認為，女僕咖啡館的消費機制將令人擔憂，因為除了同樣是用身體為媒介的展演之外，還更強調女性服從男性的元素。

並且，COSPLAYER 或許還有機會藉由「在『靜』的時候毫無預警的『動』」去抵制拍攝者自由獲取影像的可能，而在固定空間重複勞動的女僕，則須面臨隨時被不間斷的規訓和監視，可能讓更多喜愛 COSPLAY 的女孩們受到傷害。

被規訓的女僕身體

確實，女僕咖啡館是以男性為主體的消費場域，其原始訴求就是為了「萌」，為了實現男性觀看女僕和享受臣服關係的慾望，其自由性和創造性不如 COSPLAY 程度高。

女僕咖啡館內的所有元素建置，都是女僕身體承載此類慾望的再次加強，並且比起一般服務業，更強調性別化的身體規訓，讓女僕經由不斷長時間的勞動過程中，成為自動運轉的機器。誠如社會哲學家 Michel Foucault（一九七九）所言，它是一種對身體細節的政治干預模式，人的身體成為空間的載體，身體被分割成許多部分從機制上被支配，成為權力的施展對象，透過不斷重覆操練，來控制、訓練和矯正，以進行有效的使用。

這種規訓展現在物質環境配置和人力訓練的完美結合上。物質環境方面，基本上在女僕咖啡館內肉眼可視的所有物件，幾乎都是設計過的；如果沒設計過，肯定不會被認為是專業的女僕咖啡館。

例如：每位女僕的身上都會別上名牌，上面標示著自己的名字，其目的不是讓女僕同儕間可以熟悉彼此，而是為了直接讓主人認識、拉近彼此距離所用。女僕咖啡館的桌椅高度不能太高，為的是可使主人平視、近距離接觸女僕可愛裙襬和大蝴蝶結，同時女僕又必須時常彎腰進行桌邊服務、以及聆聽主人說話，透過物理上為之的身體姿態，讓女僕身體表現出一種近似關注主人心意的情境。而桌椅走道間隔必須狹窄，可強迫女僕身體不得不與主人身體拉進，呈現親切或令人臉紅心跳的親近感。桌上的水杯不能太大，迫使女僕必須常常前往主人桌邊服務，增加主人想與女僕接觸的心願。網路部落格的官方虛擬身分，是以女僕的口氣為出發，去回應各種名為主人的客人留言，表現出「即使主人沒有回家，女僕仍隨時等主人歸來」的情境。有些女僕咖啡館甚至會在場內安裝環場鏡面，讓主人隨時可以偷窺女僕的一舉一動以及彎下腰後的「絕對領域」。

女僕的外觀特質在一開始面試時就已經被篩選，只有看起來順從、面容沒有「惡感」、儀態良好的女孩子才會獲得錄取。入職後將面臨一連串繁瑣的操練，若違規則將遭受管理人和女僕前輩的糾正，更嚴重的，甚至客人當面或於網路上的撻伐。例如：女僕每天都要化妝，並且只能呈現清純風格而非妖豔路線。講話要輕聲細語、面帶微笑、步伐優雅。要不斷練習歡迎詞、敬語／禁語、鞠躬禮、執裙禮、巧克力或番茄醬的加油打氣畫盤、桌邊沏／斟茶。看到主人要鞠躬，隨時隨地將眼光放在主人身上，培養觀察力，關心主人的桌面、表情、動作、情緒等狀況，視其需求主動走上前，給予聊天、噓寒問暖、帶來幽默歡樂等各種情緒勞動服務，並且強化溫柔、母性、治癒、可愛女僕風味的陰性氣質。

除了餐飲業基本的身體和情緒勞動外，女僕每天也會重複進行一種特殊的勞動。例如：當有主人在服務區用餐時，閒置的女僕需以尺測量來擺放餐具，或不斷擦拭乾淨的空桌子、或進行非必要性的清潔動作。當沒有主人在店內消費的時候，女僕需要拿著表演用掃把（非閉店清潔使用的掃地掃把），走出門外在門口掃地，吸引外面的路人注意等等。

在這些勞動中，清潔已非目的，「表演」才是目的。透過強制女僕進行勞動形式的表演，好讓主人時常看到辛勤從事家務勞動與用心的模樣。

以上種種對於女僕身體的規訓，都是為了將單純消極的強制性身體勞動和情緒勞動，變相成為女僕所被主人期待心靈互動的積極面呈現。

身體與慾望邊界的拉扯

然而，女僕並非如 COSPLAY 般靜止不動的身體影像，而是活生生的身體。社會學認為人有反身性（reflexivity），可以認識並嘗試擺脫自己不喜歡的處境，利用各種戰術（tactics）跟結構鬥爭，產生能動性（agency）。女僕咖啡館透過各種物質結構和操練，規訓了女僕的身體，但每日的身體勞動也使女僕咖啡館變成了一個實作場域，真正能長時間在此建構個人經驗與結構抗爭的主體，不是主人，而是女僕自身。

有趣的現象發生了！不同於靜止不動由「拍攝者」等ACG同好「閱聽人」無限擴展慾望、選擇觀看角度的 COSPLAY 身體展演模式，女僕每日實作的身體經驗，反而拉扯出一條慾望的邊界。他們不再只是單純被觀看凝視和修改的物件，而是能夠反過來觀看凝視並且可主動靠近這些閱聽人，去修改當時的處境。女僕可以選擇哪些是能進行更多互動的好主人，哪些是單純坐在那裡就好的觀眾。若女僕感受到不舒服的眼光時，也可以立刻走上前解決或迴避，而非像 COSPLAY 場域上在被拍出奇怪角度照片那一刻無法阻止。相對的，在此場域的主人，必須經過女僕同意才能拍攝女僕，且相機基本上多由女僕負責操作。主人想要和女僕進一步聊天或玩遊戲，需要視女僕意願。交換日記留言本也是由女僕決定是否拿給主人。

主人無法要求「不是自己菜」的女僕禁止上前服務，頂多只能口頭上對著女僕抱怨。

特別要分辨的是，女僕咖啡館和其他具備女性臣服男性元素的性產業並不相同。性產業的女性工作者儘管能藉由各種戰術增加能動性，但由於買賣關係是建立在「一方有權力直接使用另一方身體」的基礎之上，當不喜歡的客人最終還是想要買下自己身體的使用權時，大多女性工作者仍無法拒絕，並且除了身體使用權的性慾結構之下，目前還沒有其他文化與之重疊。然而，女僕工作因擁有ACG迷（fans）文化脈絡，使得結構中的權力角力得以有機會翻轉。

更積極地，女僕吸收了COSPLAY展演的優點，藉由不斷的日常實作，將身體及情緒的勞動結合成一場表演勞動，並彌補COSPLAYER通常離散在場次四處，各自獨立展演而無法聚焦的缺點。咖啡館變成一個可受女僕控制場面的表演劇場，一個累積ACG文化實踐名聲和粉絲（fans）的固定平臺。女僕彷彿成為引領訪客（guest）入內的一家之主（host），甚至是ACG文化的偶像（idol）。女僕讓被稱為「主人」的訪客坐在位置上感受這場「主僕互動」的戲劇情境。不管訪客是誰，都必須卸下無邊無際的慾望想像，收起行動自如的「拍攝者」身分，或許有時候會因女僕唸咒語手搖飲料要求你跟著他們一起羞恥 play 的行徑而感到尷尬不已，但這正是你作為訪客入境隨俗而所受到的熱情款待。

女僕咖啡館的女僕們透過表演勞動，而重新定義了COSPLAY場域中的身體和慾望邊界，使得原本拍攝者無限拓展的慾望和身體動能，緩緩從「女僕臣服主人」的互動舞臺中逐漸限縮，轉化交織出更多重的「主人帶領訪客、偶像受迷傾慕」的複雜關係。

就算此處某種程度已僅是壓抑慾望進行妥協或偶像崇拜之處，但這種作為訪客被帶領進入嚮往世界的「脫日常」經驗，讓女僕咖啡館迄今還是許多ACG同好者著迷不已的朝聖之地。

附註

註1　例如日本動畫最早在西方世界發聲的是在一九八八年美國引進大友克洋的《AKIRA》劇場版，讓當時習於迪士尼的美國大眾大受震撼；一九九五年押井守執導的動畫作品《Ghost in the Shell》則因其劇情、內涵、技術等在國際上受到注意；而後《POKEMON》是日本動畫擴展至世界各國的重要里程碑，一九九八年公開的劇場版在全世界賣出一億七千多萬美元，電視動畫在二〇〇二年四月共計有六十一個國家播映。

大小姐，歡迎歸宅！

執事喫茶的妄想實踐

文—張瑋容

ACG文化在臺灣的發展，早已超越作品本身的消費，更透過COSPLAY和同人創作等行動者的實踐，配合在地的文化脈絡，逐漸發展出一定的規模並深植於臺灣的ACG文化當中。除此之外，與之相關的產業亦蓬勃發展，早在二〇〇〇年代末期，將COSPLAY融入服務過程的「執事喫茶」與「女僕咖啡」都陸續出現在各縣市，形成臺灣ACG文化當中不可忽視的一部分。

「執事喫茶」和「女僕咖啡」均為服務人員以特定的服裝穿著與服務方式來展演家僕的特殊餐飲業，因此在ACG文化領域中被視為類型相似的業種，但其中所能窺見的性別展演及消費者的愉悅經驗，卻大相逕庭。

「執事喫茶」是以男性店員服務女性消費

者為主，而「女僕咖啡」則是主要以女性店員服務男性消費者為主。

消費者如何和服務生互動，亦即消費者如何「玩（play）」，除了根據「執事喫茶」或「女僕咖啡」的設計型態而異，更隨著情境變化與消費者的參與方式，而有各種可能性。透過田野調查的發現，本文在此將首先介紹臺灣「執事喫茶」的特色，接著並試圖說明消費者如何從「執事喫茶」的消費經驗，得到愉悅的心情，甚至是快感，並進一步從這些消費的實踐過程中，探討愉悅建構的多元可能及主體的能動性。

執事喫茶的開展

「執事喫茶」源自於日本，日本第一家「執事喫茶」是由當時任職於管理諮詢公司的職員酒巻絵美子發起提案，並於二〇〇五年十一月八日至二〇〇六年五月三十一日的期間，以「小池」這個名義架設部落格「執事咖啡精營戰略部（執事カフェ経営戦略部）」，募集各方意見而成【註1】。該店以女性御宅族為主要的消費者族群，成形的過程亦參考諸多女性御宅族網友的意見，因此在地點挑選上便選定有女性御宅族聖地之稱的「乙女之路（乙女ロード）【註2】」。企畫順利通過之後，正式營運則是隸屬於日本有名的漫畫同人誌專賣書店

「K-BOOKS」旗下，並由「K-BOOKS」進行各種相關的企畫製作。該店是為日本開設最久、規模也最大的「執事喫茶」。

臺灣也於二〇〇〇年後期，陸續於高雄、臺北、臺中等地出現「執事喫茶」的蹤跡。雖然這些店家並非都位於御宅族產業的商圈，也未必由御宅文化產業的關係者所經營，並且各店從裝潢到概念設計都各有其特色，但整體而言，臺灣的「執事喫茶」在裝潢、餐點、服務生的角色扮演與服務流程等設計上，都大量參考日本「執事喫茶」的框架。例如：這些店家多半以無法從外部一探究竟的裝潢設計，製造出與世隔絕的神祕感。其消費方式也與日本相同，均為場次預約制，也就是說，「執事喫茶」並非隨時經過就可以探門進去，必須事先依照店家制定的時間場次進行預約。

在概念設定上，「執事喫茶」是以「大小姐的歸宅」作為最重要的核心概念，因此預約的歸宅時間一到，身穿燕尾服的執事們便會出現在門口，恭敬地鞠躬以「お帰りなさいませ、お嬢様（大小姐，歡迎歸宅）」迎接消費者。以上這些特色，都與日本的「執事喫茶」極為相似。

臺灣特色的執事喫茶

然而，在細部的內部裝潢與服務設計等方面，臺灣的「執事喫茶」則展現了獨特的在地特色。雖然與日本同樣均以女性御宅族為主要的客源，臺灣的「執事喫茶」針對這點表現得更直接——許多店內都能看到書架裡擺放著少女漫畫或同人誌，甚至備有留言簿，讓消費者可自由塗鴨。

店內的裝潢多以華麗吊燈、歐風家具與精緻的茶具來製造歐式貴族宅邸的高級感，然而點綴在店內的粉色系擺飾、花卉或絨毛布偶，卻也同時增添了溫馨的宅邸氣氛。

執事的服務特色依照店家的設計各有差異，例如：在某些店家，執事會親自為每位「大小姐」的餐點切成適宜的大小，作為其服務之特色。有些店家則在各桌擺放小鈴鐺讓「大小姐」以搖鈴的方式招喚執事要求服務。甚至有些店家還會不定期舉辦互動式遊戲或執事表演等，以吸引「大小姐」的「歸宅」。

除此之外，執事的服務應對，也有特別的訓練與設計。例如自稱「在下」、尊稱消費者為「大小姐／少爺」、以較恭敬的用詞介紹餐點等，以表現出身分階級差異的角色設定。

然而，消費者與執事之間並非總是保持疏遠，偶爾也能看到消費者與執事像與朋友聊天

一般輕鬆地對話，實際體現了「歸宅」的基本概念。而當預約時間接近終了之際，執事便會前來提醒大小姐該做「出門」的準備。結帳完畢，執事便會幫大小姐們提包包，送至門口，以「いってらっしゃいませ、お嬢様（大小姐，請慢走）」這句臺詞來為「歸宅」畫上句點。

根據以上所介紹的臺灣「執事喫茶」的共通特色可得知：不管是「執事喫茶」的裝潢設計還是服務特色，甚至是執事的身體展演，都是為了表現出「大小姐的歸宅」這個基本設定不可或缺的重要元素。

然而，想進一步探究的是消費者如何「玩」？也就是說，消費者是如何一邊扮演「大小姐」這個身分，一邊與執事互動，去享受由這些元素所構成的幻想空間？

接下來，我們可以從消費者的實際消費體驗，來探討「執事喫茶」中的特殊愉悅經驗之建構。

享受被美男圍繞的乙女妄想

由於「執事喫茶」的基本設定就是讓大小姐盡情享受歸宅時光為前提，因此執事細心的服務，便是其中最重要的賣點。

儘管服務有固定的流程，但執事被賦予臨場發揮的權限，得視狀況主動與顧客搭話，或提供基本流程以外的服務。例如：執事主動對顧客表達關心之意，即為演繹「執事對大小姐無微不至照顧」的角色設定之策略。

受訪者J回憶他初次歸宅的經驗，那天他剛好身體不適，甚至在「執事喫茶」的廁所裡吐了，事後得到執事的慰問與關切，並且其中一位執事更叮嚀他不宜攝取太多糖份，讓他非常感動。

另一方面，對許多消費者而言，「執事喫茶」的趣味並非只有單方面被動地享受執事所提供的服務，消費者如何扮演著「大小姐」與執事互動，更是享受「執事喫茶」獨特樂趣的重要過程。受訪者J表示：「可以很任性，比方說我覺得茶很容易冷掉，就說：『我要喝熱的！』其實可以這樣。但是在家裡就要自己把它倒出來自己再加熱。」

女性消費者在這樣的服務過程中，體驗到的是一種將自己帶入女主角的位置，享受自己與男角的異性戀親密關係的少女漫畫式的愉悅經驗。也就是說，被包圍在數位穿著燕尾服、打扮體面的美男子當中，欣賞每一位執事的特色，並分別與他們建立獨特的互動關係，即為從中構築愉悅快感的關鍵。

曾經多次造訪某間已歇業的「執事喫茶」的受訪者O，在訪談中詳細敘述每位執事的個人特色或魅力，像是對於某位執事「氣質很好、服務貼心、像個完美的執事」的讚賞，或是某位執事特別會照顧落單或初次歸宅緊張怕生的顧客等等。此外，他亦提及與執事們積極互動的愉快經驗，例如：該店其中一項服務特色為當顧客想上廁所時，須由執事帶領，因為依規定執事必須備妥乾淨的毛巾與護手霜，在廁所旁等候，以便顧客如廁完畢後可擦手並使用護手霜。有些顧客玩心大起，會趁執事不注意時偷跑去廁所，然後在廁所門口等待被執事發現，以享受執事們感到困擾的表情與反應作為樂趣。對受訪者O而言，執事的服務以及與執事的互動讓他感受到「從來都沒遇過這樣（貼心）的人」，因「一般人貼心可能是想跟你交往而營造出來的貼心」，但在「執事喫茶」裡，他便能化身為「大小姐」，在「大小姐與執事」的關係設定下，滿足對於異性的主動與貼心的渴望。

也就是說，在消費者與執事的互動中，不但既有的男尊女卑的性別從屬關係受到反轉，消費者同時建立一種既非友情亦非戀愛的異性戀關係的想像。在這種過程中，女性消費者透過對執事的凝視，得以自由想像、編織各種關係的可能性，並從不同的關係性中獲得異質的愉悅快感。這就是「執事喫茶」中，女性消費者透過對執事的凝視、以及與執事的互動，所創造出的以自己為主角的異性戀親密關係的「乙女妄想」。

編織男男關係的BL妄想

上述的「乙女妄想」，亦即從「大小姐與執事的互動關係」去延伸的異性戀親密關係的想像，可說是與「執事喫茶」的基本設定最直接關聯的享受方式。然而，事實上女性御宅族消費者當中存在著差異性，他們可能用著不同的妄想方式去享受著「執事喫茶」。

最顯而易見的即為「腐女」這個族群。對腐女而言，相較於少女漫畫裡的男女戀愛情節，男角之間的羈絆反而才是「萌點」所在，並進一步歪讀成「攻×受」配對，作為進行BL妄想的來源。

腐女在對男男關係進行BL妄想時，採取與上述「乙女妄想」迥異的立場與方式。如前所言，乙女妄想的重點是將自己代入女主角的位置，對身邊的男性與自己所締結的異性戀親密關係進行妄想，而在BL妄想的模式下，腐女須將自己抽離於眾多男角之外，以旁觀者的立場去解讀各種男男關係。換句話說，如果乙女妄想是一種自我代入的妄想方式，那麼腐女的BL妄想，則是非介入性、亦非自我代入性的妄想方式。

既然腐女也是「執事喫茶」的消費族群之一，那麼他們如何在消費過程中建構BL妄想並享受BL妄想的獨特樂趣呢？雖然臺灣的「執事喫茶」店家規模較小，但店內多半都配有兩位以上的執事值勤。當數位男性共存於同一個空間、彼此互動而擦出關係，腐女的ＢＬ妄想便有成立的可能性。以下引用腐女受訪者Ｆ的經驗，「我第一次去的時候……別桌的大小姐在上廁所……然後有人在問問題，正在聊得很開心的時候，那個大小姐出來了，大小姐出來的原則就是要幫他擦手，但是他（執事）在跟我們聊天，我們就坐在廁所的旁邊，當時好像是××在聊天，○○就一把過去，奪走他手上的毛巾，衝過去幫那個大小姐擦手，還有點責備的看了他一眼，我覺得好有趣！」

除了與執事的互動之外，觀察執事之間的互動與小動作，對腐女來說更是刺激ＢＬ妄想不可或缺的過程。而又如前面提過的受訪者Ｊ，同樣身為腐女的他，以「一半是買萌，一半被執事服務的感覺」為他的歸宅心得做總結，並補充所謂的「買萌」，就是可以觀察穿執事服裝的美男之間的互動。

從上述受訪者的敘述可發現，除了從執事的服務以及與執事互動當中享受「乙女妄想」的歡愉之外，當他們察覺到執事間的互動時，便會自動「切換」成ＢＬ妄想的模式。也就是說，對腐女而言，依狀況隨時調整自己與妄想對象的距離，選擇將自我代入妄想情境中的「乙女妄想」或抽離於妄想情境之外的「ＢＬ妄想」，如此構成他們在「執事喫茶」消費過程中享受的愉悅經驗。

在腐女建構妄想的過程中可以看出，腐女的主動凝視不僅投射在單一男性執事的身上，所有的男男關係都屬於腐女的凝視範疇，因此腐女握有自由解讀男男關係的主導權，成為支配男性關係的主體，從中享受圍繞著男男配對的BL妄想所帶來的歡愉。

自由的妄想實踐力

此文以女性御宅族在「執事喫茶」的消費經驗為例，探討了女性御宅族的妄想實踐及其所伴隨的愉悅經驗的多樣性。

在「大小姐的歸宅體驗」這個基本設定之下，店家所呈現的宅邸面貌，以及執事所展演的服務特色，這些如何與女性御宅族消費者的愉悅經驗產生關聯，與他們的「妄想」模式息息相關。女性御宅族可依照自己的偏好及當下的情境脈絡，自由選擇如何扮演「大小姐」的角色，並調整自我與妄想對象的距離，以隨時切換妄想模式，體驗不同的愉悅經驗。

妄想的國度是沒有界線的，歡愉的多樣性與可能性也是無限大。在這個對女性的情慾與愉悅經驗施加諸多壓抑與限制的性別結構當中，或許「執事喫茶」並非單純以COSPLAY來迎合女性御宅族的喜好與想像，還可以做為一個提供女性消費者服務與療癒、暫時逆轉男女的性別從屬關係的空間。

女性御宅族在「執事喫茶」所消費的，不只是執事所提供的服務與餐點，更是運用自身所具備的「妄想」實踐能力，與這空間的各種元素相互激盪，創造出豐富而多元的愉悅經驗。

附註

註1 杉浦由美子（二〇〇六）《腐女子化する世界—東池袋のオタク女子たち》。中公新書ラクレ。

註2 「乙女之路」位於日本東京池袋，以女性御宅族為主要對象的動漫同人誌專門店在此聚集，因此被稱為「乙女之路」。

妄想的共同體

妄想的共同體

「YAOI」社群中的愛情符碼功能

文—東園子　譯—KONEKO

故事中的愛情功能：YAOI 為何要描寫愛情？

社會學能做些什麼以助於理解故事文本（text）？其中一個方法就是從文本被創作、流通於世、被諸多讀者所接受的過程中來了解故事內涵。通過此一方法，或許可以發掘出僅藉由詳細分析文本本身所無法得知的其他故事面相。本文接著將以 YAOI——可能是當今最被熱烈討論的現代日本女性流行文化（popular culture）——為分析對象，試著釐清以社會學觀點探究故事文本的部分可能性。

YAOI【譯註1】是指以女性讀者為對象，描繪男性同性間愛情關係的漫畫或小說作品，也可以較為人知的「Boys' Love（BL）」一詞稱之。此類作品之中，除了內容全由作者所構思創作的男性同性愛情故事被稱為「原創作品」之外，還有一種以描繪男性角色關係的既有作品為基礎，改編創作出這些男性角色之間愛情故事的作品，稱之為「二次創作」（本文以下所稱YAOI僅限於指稱這種二次創作作品，包含原創作品在內的此類作品總稱則以YAOI．BL稱之）。出現於一九七〇年代的YAOI．BL，雖有部分男性愛好者存在，但是作者和讀者都以十來歲到五十來歲的女性為主。近年來則出現取「婦女」之諧音並帶有自嘲和詼諧意味的「腐女」一詞，用於指稱愛好YAOI．BL作品的女性【註1】。

「腐女」也逐漸開始在報章雜誌等等以普羅大眾為對象的媒體上引起矚目。文化研究者名藤多香子指出，這些媒體報導多數都將腐女和「在現實生活中無法談戀愛」、「異性緣不佳」這類性別關係的缺陷加以連結，而反對此類觀點者往往會以「也有許多腐女是很受異性歡迎的美女」加以反駁，因而陷入和對方相同層次的爭論【註2】。在現存估計至少有數十萬人的腐女之中，當然會有異性緣佳者和不佳者，但若侷限於此點進行正反論述，依然會被揶揄「事實上腐女還是以異性緣不佳者居多吧？」【註3】，也容易陷於二分法的迷思。

因為YAOI．BL作品內容多以愛情、性愛描寫為主，所以此類論述在探討YAOI．BL或其愛好者之時，多半會與他們自身是否有與人建立愛情關係或其他與性相關的問題加以連結。腐女們本身並非男同性戀，卻會喜愛男性同性間這種並非社會常態的愛情故事，必定是因為腐女們無法像「一般」女性一樣享受和男性間的愛情或性愛關係，上述論點是將YAOI・BL作品視為女性對於在現代異性戀愛情關係中受到壓抑所展現的不滿表徵之一，並可說是諸多YAOI・BL論述共同的基礎論點。無論何種論述的前提都是認為YAOI・BL作品是為了描寫愛情或性愛所創作的文本，而這些文本的腐女讀者們也只關心作品中的愛情和性愛。

然而，若考慮到二次創作的YAOI作品是在原作愛好者之間被創作流傳，故事文本中的愛情要素除了反應作者或讀者對於愛情題材的興趣，應該還涵蓋其他功能，也就是反應出愛情在社會中是以何種形態存在。本文在以下章節將以YAOI・BL作品中的YAOI作品為對象，從愛好者社群的觀點來試圖解析愛情要素在YAOI作品之中具有何種功能。YAOI可說是女性御宅族文化的核心，其愛好者也多半自認為是「御宅族」，以下章節將以「YAOI系女性御宅族」代稱喜愛YAOI作品的腐女。此外，本文論述僅為分析YAOI各式各樣要素的其中一部分，並無法適用於所有YAOI愛好者。本文並非要提供一份關於YAOI或其愛好者的概括性說明，僅是藉由分析YAOI的面相之一，探討女性和愛情的關係【註4】。

YAOI的關係圖消費

作為本文分析對象的YAOI作品，主要是指業餘創作者利用既有商業作品的登場人物或背景設定進行創作，經由同人誌或網站發表的一種「二次創作」。這種二次創作正是御宅族不分性別的文化特徵之一。以YAOI作品來說，題材除了卡通、漫畫、小說、電玩遊戲、電視劇、電影之外，也涵蓋演藝人員等現實人物【註5】，作品創作形式通常以漫畫或小說為主。

目前關於二次創作的著名理論有評論家大塚英志的「敘事消費論」（物語消費論），以及依其脈絡由評論家東浩紀所發展出的「資料庫（database）消費論」。所謂「敘事消費」的廣義定義是指讀者以從敘事文本獲取的資訊為基礎，在一定的框架內進行想像（創作）的消費形式【註6】。大塚英志的原意是認為，進行敘事消費的讀者們，重視的是隱身於個別商品或作品背後的故事舞臺設定或世界觀【註7】（本文以下所稱「敘事消費」是取其廣義定義，重視世界觀的敘事消費則以「世界觀消費」稱之）。相對於此，東浩紀則從一九九〇年代以後的男性御宅族文化中，歸納出將故事中的登場角色（character）及其構成要素自敘事世界切割後再加以聚集重疊的「資料庫消費論」【註8】。二次創作就是基於此種作品消費行為的創作形式。

而 YAOI 創作又適用於這兩種消費論的哪一種呢？YAOI 創作就如本文後述，是將原作【註9】故事設定徹底改變後創作而出的漫畫或小說為多。因此可知 YAOI 創作並不是以重視故事背景設定或世界觀為主的世界觀消費。但是 YAOI 創作也並非如資料庫消費一般將登場人物自故事單獨抽離出來。在 YAOI 作品中，為了要將男性角色【註10】和其他形形色色的男性角色進行配對，YAOI 創作者們或許看似不受原作設定侷限，自由自在地將男性角色們成雙成對的搭配，然而實際上能在 YAOI 作品中被配對的，僅限於原作設定上彼此多少也有關連的角色。會將原作設定上沒有任何接點的角色、不同文本的角色或是創作者自己虛構的角色配對的情況極為罕見。YAOI 愛好者雖然會將角色自原作的敘事世界抽離，但並不會將其抽離於原作所描繪的人際關係。由此可知 YAOI 作品的創作基礎並非世界觀消費也非資料庫消費，而在於重視角色及其人際關係的作品消費方式【註11】。出現於 YAOI 二次創作作品的此類敘事消費，可比照標示登場人物之間關係的人物關係圖，且稱之為「關係圖消費」【註12】。

關係圖消費和資料庫消費兩者都具備對角色有愛的「萌角色」特性。相對於資料庫消費的讀者將焦點放在單一角色本身，關係圖消費的相異處則是讀者還會注意複數角色之間的關係性。兩者間的此種差異性，可明顯見於以非故事文本登場人物作為對象的二次創作作品。

在喜好資料庫消費型二次創作的男性御宅族之間，有將電腦作業系統等人類以外之物以美少女角色來表現的遊戲行為，稱為「萌擬人化」。舉例來說，將備長炭擬人化後的美少女「備長妹」，原本只是發表於網站上的一張圖片，卻受到熱烈回響而被添加經歷和個性等資訊後正式角色化【註13】。由此可知此種萌行為的中心對象是在於被擬人化角色的人物圖像。

另一方面，在YAOI系女性御宅族之間，也有以非人類（稱之為無機物）作為關係圖消費之對象來追求樂趣的行為。在YAOI．BL世界中把兩位男性角色搭配為一對戀人，並分別分配為主動方的「攻」和被動方的「受」，這種被稱為「配對」（coupling）的行為也被施諸無機物對象，例如桌子和椅子、電線和電線桿這種成對之物，或是自電車路線或都道府縣等集合體中任取兩者，經由討論何者為攻何者為受的過程來追求樂趣。此時並不如前述萌擬人化一般，會將討論重點放在無機物擬人化為男性角色後的視覺印象，而是將焦點置於該如何描述桌子或椅子這種無機物間的關係。上述這種以複數項目為對象，並且重視其間關係性的行為，正是關係圖消費的特徵。

東浩紀的論述指出，藉由觀察男性御宅族文化的變遷，可知御宅族們的作品消費基本模式以一九九〇年代為分界點，由世界觀消費轉為資料庫消費【註14】。然而YAOI二次創作源起自一九七〇年代【註15】，可說女性御宅族至今都是一貫以關係圖消費為其創作的中心模式。在御宅族文化中，世界觀消費轉為資料庫消費的趨勢和關係圖消費的模式不但兩者並存，且具有前者由男性主導，後者由女性主導的性別特徵。當然，被稱為「男性向」的資料庫消費型二次創作在女性御宅族之中也有一定數量的喜好者存在，並無法用「男性御宅族＝（世界觀消費→）資料庫消費／女性御宅族＝關係圖消費」的公式以一概之。但在對御宅族或御宅族文化進行研究之際，必須重視性別不同所造成之分化現象，並且納入性別變因作為考量。

YAOI 的詮釋遊戲

關係圖消費又是如何透過原作所描繪的角色間人際關係來追求樂趣的呢？

YAOI 創作是將人物關係圖從原作切割而出，將原作中所描繪的「朋友」或「對手」關係，置換為「戀人」的愛情關係來創作文本（請參照圖示）。例如歷史上織田信長、豐臣秀吉、明智光秀三人之間的關係（此例與圖示不盡相同），可以得出秀吉與光秀競相爭奪信長的寵愛，並且非常介意彼此存在的關係設定，進而建構出以信長為中心的三角關係文本，或是秀吉與光秀發展出愛情關係的文本。

就如曾經出版 YAOI 同人誌的漫畫家吉永史所言，切割人物關係圖和置換關係性，是一種將原作「以作者留下的線索為基礎，找出其相容性」的行為【註16】。舉例來說，在大受歡迎的 YAOI 創作題材來源作品之一《家庭教師 HITMAN REBORN!》中，登場人物中只有迪諾是用名字「恭彌」來稱呼雲雀恭彌，這一點在 YAOI 愛好者之間就被視為是迪諾和雲雀兩人交往的證據。而且在原作中有迪諾和雲雀兩人單獨修行的情節，因此可推論兩人之間的愛苗是在這段期間滋生。此種 YAOI 式的想像被稱之為「妄想」（本文以下所稱「妄想」皆指 YAOI 式的想像）。

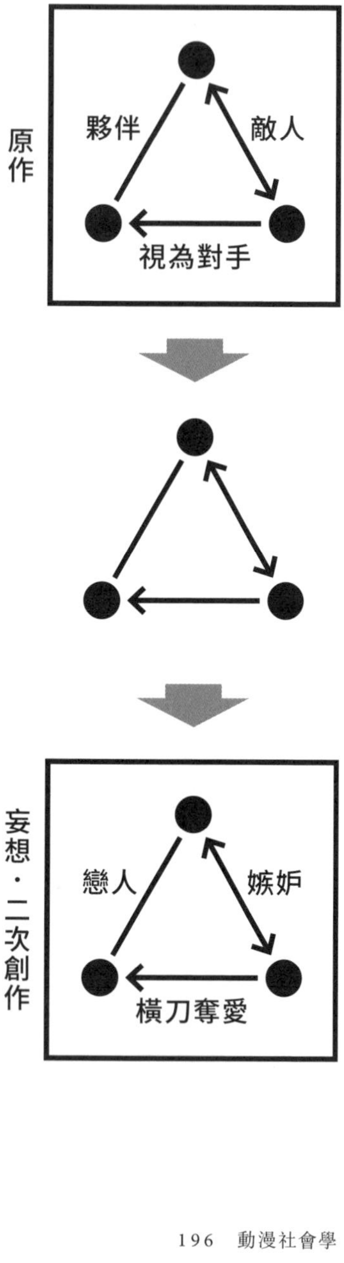

YAOI漫畫或小說作品雖都是基於此種妄想的創作，但是吉永史以學術來比喻說明YAOI，稱「創作過程中巧妙地融入原作設定情節直到配對成立」這種YAOI為「學說」，而「配對基礎越為穩固的學說越能獲勝並成為主流配對」【註17】。實際上這種YAOI社群的運作方式和文學研究領域頗為相似。文學研究者卡勒爾（Jonathan D. Culler）認為學術性的文學研究，其實就是對「這篇作品所要傳達的真義到底為何？」此一質問競相提出答案的一種遊戲【註18】。而每位研究者透過「詮釋遊戲」所導出的結論會因其個人所依據的理論而異，如馬克思主義的「階級鬥爭」、精神分析學的「伊底帕斯情結」、女性主義的「性別關係不平等」，各具特有形式。因此卡勒爾認為文學詮釋的重點並不在於每位研究者各自導出的不同結論，而在於「到底經過何種推論過程得出結論？要如何詮釋文本細節以呼應結論？」【註19】作家渡邊由美子則認為YAOI這種「詮釋遊戲」，是「用自己的觀點去詮釋登場人物之間的人際關係，並構築出獨創的故事文本以彰顯自身詮釋的與眾不同之處」【註20】。但是筆者認為YAOI女性御宅族們的行為，其實是依據將某部作品視為男性間愛情故事的YAOI理論，爭相對原作中的人際關係進行詮釋的「詮釋遊戲」。正如吉永史所言，YAOI漫畫或小說作品就是創作者用以闡釋自身對原作詮釋的論文【註21】。

因此，閱讀他人創作的YAOI作品，就是在理解他人對原作所提出的詮釋。對某些讀者來說，這正是閱讀YAOI作品的樂趣所在。筆者訪問過的YAOI愛好者X【註22】就曾經表示，「即便是和自己支持同組配對的人，在作品描繪手法上也會有所不同，而這一點就是YAOI有趣之處。」訪問對象Y【註23】也曾經表示YAOI作品會令人感到有趣，就是因為會意外發現「原來這位作者是如此詮釋的啊！」雖然尚無法得知能對本身也會進行創作的X和Y解讀YAOI作品的方式歸納分析到何種程度，但可得知YAOI式關係圖消費和東浩紀所提出的資料庫消費之間存在著相異之處。

根據東浩紀的理論，男性御宅族的資料庫消費行為，只是「不想受到『欲望他者的欲望』這種繁瑣的人際關係所干擾，單純地追尋能夠提供自己喜好的萌要素，故事文本又符合喜好的作品」【註24】。相對於此，當筆者詢問訪問對象X，「是否只會追求和自己萌點【註25】完全符合的YAOI作品？」X的回答是，「嗯……完全符合的作品看完會覺得『果然很棒！』，但是不會只想看這一種，希望能看到各色各樣的作品。」訪問對象Y也表示，「有些部分自己可能會這樣〔詮釋〕，但若『換成別人原來會是這樣想的！』，感覺像是發現另外一種解讀暗號的方式，會覺得非常開心。」（〔〕內為作者加註，下文皆同）可以得知在YAOI式關係圖消費行為中，即使作品不符合自己喜好的公式，閱讀來自其他愛好者的各種詮釋也可能成為樂趣的來源。

由此可知，關係圖消費中的萌行為與同好社群之間有緊密連結的一面存在。訪問對象X表示，若是喜愛的原作的YAOI創作者減少，自己對原作的熱情會因為「無法接觸到他人對該作品的詮釋」也隨之消退。然而按照東浩紀的說法，在資料庫消費行為中，「他們〔男性御宅族〕對文本的欲求極度個人化，不需借助他者也能獨自獲得滿足」【註26】。另一方面，關係圖消費行為對於二次創作文本所展現的欲望，則是希望了解他人如何看待自己喜好的作品，並與他人的存在產生連繫。如同社會學者金田淳子所指出，YAOI創作「藉由閱讀他人作品而受到刺激，進而產生略有相異的各種想法，例如『我比較喜歡這組配對的這種關係性』、『我會如此詮釋這個角色』，再透過同人誌的形式將其表現出來，促成現今同人誌市場的熱烈活絡」【註27】，接收他人的妄想（詮釋）會引發新的妄想（詮釋），然後再引發其他人的妄想（詮釋），將使妄想（詮釋）不斷增生下去。在這一層意義上，愛好YAOI的女性御宅族的妄想可說是一種共同行為。

YAOI的愛情平行世界

如前文所述，可將YAOI視為將原作男性角色的關係，依據特定原則加以詮釋的詮釋遊戲產物。這種YAOI二次創作又可被區分為兩大類型。第一種類型是以原作故事文本為基礎，對於原作所未提及的範疇進行想像（創造），被稱為「原作相關」型，例如：針對原作某句臺詞來描繪其中蘊含的登場人物內心世界，或是針對原作中已經彼此熟識的角色們，去想像他們當初相識的過程來創作出故事文本。此類型的YAOI作品所描繪的內容正是創作者自身對原作提出的詮釋。

雖然YAOI的創作基礎來自於「原作相關」型，然而另一種類型的二次創作則可稱為「原作相關型的應用篇」，就是以「如果那個角色能夠……」的想像為出發點，使用原作角色去創作與原作設定截然不同的故事文本，被稱為「平行世界」型，命名應是來自於SF用語「平行世界」的定義「與現實世界並行存在的另外一個世界」【註28】。

「平行世界」型的二次創作又可被分類為三種模式【註29】。模式A：將原作角色置於童話或時下流行的電影、漫畫等其他故事文本之中進行創作，例如以《義呆利》中的角色們來飾演《灰姑娘》的登場人物，創作出《灰姑娘》的故事文本。模式B：改變原作的背景設定，來創作出新的故事文本。例如想像卡通《機動戰士鋼彈》中身為未來世界宇宙戰士的角色們，如果變成現代的高中生會是何種感覺，再以他們的校園生活為題材創作故事文本。模式C：將原作中的人際關係設定，置換成別種設定來創作故事文本【註30】。舉例來說，從漫畫《銀魂》的登場人物中，設定身為萬事屋經營者，重視夥伴的銀時為父親，擅長照顧人的土方為母親，沖田和神樂等其他主要角色則是他們的小孩，組成一個家庭來以此創作故事文本。這些平行世界型的二次創作，就如上述的「灰姑娘平行世界」、「校園平行世界」、「家庭平行世界」，會在前面加上題材類別，被稱為「○○平行世界」。平行世界型的 YAOI 作品，內容並不一定只以愛情關係為主，例如家庭平行世界作品大多主要著墨於夫妻關係或親子互動的描寫。

這種被稱為平行世界的二次創作手法，會將複數以上的著名故事文本交織而成全新的故事文本，與被稱為「綯交」【譯註2】的歌舞伎劇作法頗為類似。模式A中利用某一文本的登場人物來演出其他著名故事設定的平行世界型二次創作，可說正是以此種「綯交」手法創作而成。此外，無論是改變原作背景設定的模式B，或是改變人際關係設定的模式C，也皆可視為以「綯交」手法創作的作品。原因正如名藤多香子所指出，這些二次創作作品大多數都「援用『似乎曾經看過／讀過』的設定」來進行創作【註31】。平行世界型的二次創作即使具有數種不同模式，依舊融合了原作和其他著名故事文本（的設定），以相同於歌舞伎「綯交」的手法創作而成。劇評家渡邊保認為綯交劇作法「具有藉由雙重、三重的剽竊來發掘新觀點、新人格的可能性」【註32】。渡邊由美子認為 YAOI 是「從自身觀點來發掘全新的人際關係」【註33】，而 YAOI 式的絢交，也就是平行世界的創作手法，正可說是用以發掘全新人際關係的工具。

如上所述，平行世界型的關係圖消費二次創作，正是意圖透過將已經熟知的原作人際關係，比擬為其他故事文本的人際關係，來詮釋／表現角色之間的關係性。而作為其比擬對象的題材，有時是《灰姑娘》這種具體故事，有時則是「校園劇」或「家庭劇」這種被抽象化的具體故事集合體。如此推論下來，平行世界型以外題材的 YAOI 創作本身也應可被視為一種將原作男性角色間的人際關係比擬為愛情關係的平行世界創作。YAOI 作品中描繪的愛情關係，就與同學或家人相同，也屬於其他各式文本中所描繪的人際關係的一種。或是也可將 YAOI 創作視為將原作人際關係比擬為其他人際關係，屬於模式C的平行世界型二次創作，也就是一種「愛情平行世界」。

這種愛情平行世界的表現手法，並非僅出現於 YAOI 作品上。舉例來說，體育類報章會在報導中將某運動員在體育競賽上的搭檔稱為「○○的戀人」，或是以「△△球隊向××選手進行愛的告白」的標題來報導職業棒球隊希望與某位選手簽約的新聞。將男性間人際關係比擬為愛情關係的這種手法，與其說是 YAOI 創作所獨具，不如說是用於表現搭檔情誼、親密關係、對他人的強烈關心的一種通俗手法。

詮釋的愛情符碼

如前文所述，YAOI 所具備的愛情要素，是用以詮釋／表現男性角色間關係性的一種手段，並且能夠用家庭人際關係等具有社會意向的其他種類人際關係加以替代。儘管如此，關係圖消費型二次創作之中，採用愛情平行世界詮釋法，將原作人際關係視為愛情關係的作品還是佔壓倒性的多數。其理由之一為愛情關係的成立範圍極為廣泛，舉例來說，家庭平行世界作品中所描述的家庭之愛，若無親屬關係則無法成立，但是愛情卻可以發生於包括家庭在內的所有人際關係之上。因此，將男性同性親密關係視為愛情關係的 YAOI 詮釋法，可適用於所有文本中的所有男性同性關係。而此種高度應用性也使其適於作為詮釋遊戲的法則。

另外，愛情也已經被定型化為對自己和他人的情感或行動做出社會性詮釋的符碼。社會學者尼克拉斯．魯曼（Niklas Luhmann）在他分析西方社會愛情觀念歷史變化的《愛情作為激情：論親密性的符碼化》（一九八二）一書中，提出將愛情視為一個溝通符碼的見解。所謂的溝通符碼可以使「人們可以根據它的規則來表達、建立起感受，可以去模擬感受，可以去假設他人的感受，可以拒絕感受，而且最重要的，一旦相應的溝通被實現出來之時，人們可以為適應這個媒介所帶來的影響後果去做好準備」【註34】。「愛情符碼」在其中主要被設定為異性之間讓彼此感覺到親密，根源自愛情的行為或感受，並作為展現愛情的行動模式。愛情符碼是一種文化模式，也是我們將各種情感或言行視為愛情象徵來詮釋、表現之際的參考架構。YAOI作品也可被視為是根據愛情符碼來詮釋／表現原作所描繪的男性同性親密關係。

評論家小谷真理指出，女性們從原作中創作出YAOI的行為背後，存在著想要說明文本中既有矛盾的欲望【註35】。舉例來說，坂本龍馬去找勝海舟，原是意圖暗殺他，卻當場向海舟提出希望拜入師門的要求，這種行為發生的可能性極低。無論龍馬有多麼深受海舟言談感化，態度轉變的程度之大讓人難以理解。但若視之為龍馬對海舟一見鍾情，就足以解釋龍馬心意轉變的原因。小谷真理認為YAOI創作的用意就是為了彰顯「乍看之下是文本瑕疵／矛盾」之處，只是「實際上藉由在文本中建立『新**法則**』即可解決的問題」【註36】。而愛情符碼則非常適合作為此種「新法則」。根據魯曼的論述，愛情符碼具有理解他人必備的功能，就是再體驗對方到底透過何種圖式對某事項進行訊息處理【註37】。在YAOI創作中，愛情符碼可說是用於提高對文本的理解度。

作為女性間溝通媒介的愛情符碼

根據《愛情作為激情：論親密性的符碼化》一書，人們透過愛情故事來學習愛情符碼。魯曼指出，「**愛情則是一種在文字上已經預先成形且根本就已經事先規定好的感受**」【註38】。

由此可推論，接觸愛情故事機會越多的人，對於愛情符碼應該就越熟稔。以女性為對象的媒體所傳達的異性戀愛情故事，數量遠比以男性為對象的媒體來得多。少女漫畫的主要題材也是愛情，甚至以小女孩為收視對象的電視卡通都會出現愛情橋段。另外，女性雜誌的各種報導中也都包含了愛情要素在內，女性們從小就身處於上述大量愛情相關資訊之中。因此能夠推斷，只要是身為女性，對於愛情故事都應具有某種程度的親近感，並且熟知愛情符碼。

根據社會倫理學者稻葉振一郎的論述，「共同性的傳統狹義定義中，人們之間溝通的可能性必定建立於彼此共有的『敘事』之上」【註39】。以女性為對象大量發送的愛情故事，使得「事先已理解同一『敘事』，並且認知彼此都理解同一故事文本之事實」【註40】之狀況得以成立，並且成為女性之間的溝通基礎。

東浩紀將稻葉振一郎的論述加以延伸，指出「自然主義文學的作家書寫現實，並非因為感受到必須性，而是**因為書寫現實可以提高溝通的效率**。同樣地，角色小說的作家書寫角色，並非因為感受到必須性，而是因為書寫角色可以提高溝通的效率，所以多方參照角色資料」【註41】。承上所述，YAOI 創作者們描繪愛情，是否也並非因為感受到必須性，而是**因為描繪愛情可以提高溝通的效率**，所以才以愛情為創作題材呢？可以預期 YAOI 作品利用愛情符碼來詮釋原作男性角色的言行舉止，將使得其他共有愛情符碼的女性們能更容易理解作者的詮釋。

再者，愛情符碼亦具有使 YAOI 式溝通（主要）只限使用於女性之間的功能。儘管被作為 YAOI 題材的原作以少年漫畫等男性向作品居多，同人誌販售會上販售 YAOI 作品的攤位卻極少見到男性的蹤影。這和販售「男性向」同人誌的攤位依然可見不少女性身影形成一種對照。在此本文想要指出，在 YAOI 相關場合，偶爾可見的謝絕男性參與的態度，正是造成上述現象的背景原因之一。舉例來說，特定某原作之 YAOI 創作為主題的個人主辦同人誌販售會，就曾經明文禁止男性參加者入場【註42】。因為對某作品或人物進行 YAOI 化創作而經常受到腐女以外的原作讀者反對、攻擊的 YAOI 創作者之間，這種排除男性在外的手段特別顯而易見。YAOI 社群也具有將男性預設為潛在性攻擊者而加以警戒的傾向。

實際而言，無論是否為御宅族，厭惡 YAOI．BL 或腐女的男性並不少見。眾多論述指出原因可能在於，對於侵犯男性創作世界的女性觀點的恐懼【註43】、畏懼自己可能如同YAOI．BL作品的受方一樣被動、不像「男子漢」【註44】，以及同性戀恐懼症（homophobia）的影響【註45】等等。將故事文本所描繪的男性同性情誼置換為愛情關係的行為，容易使男性產生厭惡感。因此就結果來看，在YAOI創作中用愛情符碼來詮釋男性間的關係性，可被認為具有將（愛好YAOI的部分男性之外的）男性排除於YAOI社群之外的功能。

YAOI所具有的愛情要素，能提高女性之間對於原作的詮釋、理解和共有的可能性，亦能作為提升女性之間溝通效率的媒介。無論對愛情是否有興趣，只要能夠學會愛情符碼，就能參與運用愛情符碼的YAOI式溝通。自原作抽離出來的人物關係圖和愛情符碼，就成為女性們在YAOI社群之中用以進行溝通的共通語言。

YAOI系腐女同性交際（homosociality）

如前文所述，愛好YAOI的腐女們透過運用愛情符碼的詮釋遊戲，與其他女性進行直接性或間接性的溝通。名藤多香子指出，愛好YAOI的女性們大多數都透過同人誌此一媒介，感受到「人與人之間的聯繫」的魅力【註46】。對於男性角色及其人際關係產生的萌和妄想，正是建立此類「聯繫」的催化劑。根據金田淳子的論述，YAOI愛好者具有「即使曾經交流過，一旦興趣移轉到其他作品或角色之時，交流就容易中斷」的傾向【註47】。當然並非所有交流關係都會如此，但此點彰顯出在YAOI系女性御宅族們建立關係之時，共有萌和妄想的行為是如何重要。YAOI社群正是藉由女性交換彼此對於男性角色同性關係的妄想而得以建立的共同體。

腐女們透過YAOI所建立的緊密聯繫，或許可視為一種女性的同性社交關係（homosocial）。所謂「同性社交」包括同性情誼、對手關係、師徒愛、主僕愛、連帶感等等親密的社會關係。本文在此試圖將愛好YAOI的腐女同性社交，和文學研究者賽菊蔻（Eve Kosofsky Sedgwick）於《男人之間》（一九八五）一書提出的，藉由交換彼此女性伴侶而建立的男性同性社交進行比較。

賽菊蔻自男性同性社群中所發現的特徵為厭女情結（misogyny）和恐同症【註48】。若將厭女情結置換為厭惡異性，可發現同樣要素亦存在於YAOI愛好者們的女性同性社交。電影研究者四方田犬彥認為同性社交是「以（無論男女）同性之間排他性強的親密關係為主，並利用異性來強化和確認此一親密關係的系統」【註49】。YAOI社群中的女性情誼亦符合此論述。然而他們對於異性的利用方式卻和男性有所不同。在男性同性社交關係中，男性固然會與女性實體發生關係，但是此時女性被貶抑為建立和維持男性同性間親密關係所需的一種「女人」符號。但在YAOI系腐女的同性社交關係中，被符號化的男性角色受到重用，現實中的男性實體則相對地被排除在外。

另一方面，YAOI社群是否如男性同性社交關係一樣將同性戀視為禁忌呢？就筆者所知，愛好YAOI的女性御宅族對於女同性戀並未抱持強烈厭惡感，例如在YAOI系文化愛好者中，也有部分同好女性會進行交往，YAOI系女性御宅族彼此談論這個話題之時，不會感到他們對此有批評或嘲弄之意。當然，對於女同性戀是否抱持恐同情緒或許因人而異，但就社群散發的氛圍而言，並不會特別感受到對女同性戀有厭惡感或警戒心。

在YAOI社群中，異性戀或許反而比同性戀還更常被迴避。話雖如此，許多腐女也有男性戀人或配偶，並未對異性戀抱持否定態度。此外，談論異性戀話題也非禁忌。只是如同前文所述，YAOI社群中極少有男性存在，因此也造成YAOI社群內少有異性戀愛情產生。

YAOI系女性御宅族之中（雖非全是如此），也有部分愛好者將男性角色視為異性戀的理想對象，想像自己和角色之間有異性戀關係存在【註50】。但是YAOI社群的鐵則是，作為萌對象的男性角色必定會與其他男性角色配對。因此男性角色的所有權是屬於其他男性角色，而並不屬於任何一位腐女。YAOI系女性御宅族雖然也會對男性角色表現出異性戀情感，但當談論他們之間的主要話題 YAOI 之際，不會提及自己和男性角色（想像上）的異性戀關係。

社會學者辻泉指出，傑尼斯事務所旗下男性偶像的女性歌迷，會避免和自己喜歡同一位偶像的女性成為朋友【註51】。因為他們將男性偶像視為「屬於自己一人的偶像」，和偶像之間建立著想像中的關係，而喜歡同一位偶像的其他女性則會成為「阻礙自己和偶像間關係」的「忌妒對象或情敵」【註52】。但是 YAOI 系女性御宅族卻和傑尼斯系偶像歌迷不同，傾向於和自己喜歡同個角色的女性成為朋友。在 YAOI 社群中，女性之間的親密關係是建基於萌同一個男性角色的共通感上，同時藉由將異性戀排除於女性同性交流場所之外，避免讓女性們陷入情敵立場而使女性同性親密關係因此分裂【註53】。

「YAOI」社群與異性戀

就如本文以上章節簡要闡述，YAOI 中的愛情要素，在以「愛情符碼 × 人物關係圖」方式進行的關係圖消費型詮釋遊戲中，被用來作為詮釋法則。此一情況得以成立，因為女性在社會中被規制為應以異性戀為重。又因為女性在被社會化的過程中學習愛情符碼，愛情符碼才能成為女性之間共有的溝通媒介【註54】。在 YAOI 社群中，女性們利用異性戀的社會觀念進行溝通，同時又從其內部排除會分裂女性的異性戀。藉此方式，女性們之間建立起以對男性角色和其人際關係的萌和妄想作為媒介的同性社交親密關係。

這種抹殺異性戀存在的 YAOI 社群，對於女性們又具備何種意義呢？吉永史和眾所周知的 YAOI · BL 熱情讀者小說家三浦紫苑曾經有過如下對談【註55】：

三浦　最近和朋友們聊天時常會說，實在已經懶得再說些「有好對象可以介紹給我嘛？」之類的應酬話囉。

吉永　唉呀⋯⋯你怎麼可以講出真心話呢（笑）。之前有一次大約六個朋友一起聊天，大家正在說「好想要男朋友喔，好寂寞喔」的時候，在場的某位漫畫家卻突然說「但是交過幾個男朋友後，你們不會覺得『男朋友』很無趣嗎？」在場眾人聽了紛紛說「等等！別這樣說嘛，枉費我們這麼努力裝成普通女孩子在聊天！」（笑）

三浦　這也說得太坦白了！（笑）

吉永　對啊。其實大家都心知肚明啦，當然是女人在一起聊天比較有趣嘛！（笑）

三浦紫苑或吉永史的言談顯示出，在「普通女孩」的世界中，女性必須總是表現出對男性或愛情充滿關心的態度。換言之，這也顯示出異性戀被視為是女性的義務。無論何時，女性都被要求要重視異性愛情，女性自身價值也依據異性關係（的有無）被評價。無論有無丈夫或男性戀人，這應該都會讓女性感到痛苦吧！

然而在腐女也就是「腐敗」女孩的世界中，需要面對的問題只有「到底是在萌什麼？」，不需要刻意表現出想交男朋友或「我也是有男朋友的」（至少相較於「普通女孩」的世界是如此）。對於三浦紫苑和吉永史的對談內容感到共鳴的人，或許正是 YAOI 系女性御宅族中的多數派。在 YAOI 社群此一提供女性享受與同性交流樂趣的環境中，女性能從被異性戀束縛的現實中獲得暫時解放，甚至可能如同三浦紫苑和吉永史的「坦白」對談一般，還隱藏著能使異性戀已被義務化的女性處境展現不同面相的契機。

本文開宗明義便曾指出，許多論述傾向於採用異性緣佳／不佳的觀點來批評腐女。名藤多香子對此提議，「為何一般媒體的報導總是希望將『腐女』議題和與性相關之問題，或是否有異性關係連結在一起呢？應該試圖分析在這種論述構成的背後隱藏了何種權力關係」

【註56】。關於非腐女人士，想要自腐女現象中找出異性戀相關問題的這種行為，在此希望就其行為背後的意圖提出一個假設作為本文的結論。

腐女們喜好描繪非異性戀的愛情故事，而且只有女性聚集在一起卻顯得充滿樂趣。這種景象可能給予旁觀者他們根本不需要男性存在的印象。對於透過異性戀來獲取自我滿足的男性來說【註57】，這種景象或許引起他們感到自我被否定的不安或憤怒。另外，對於為了得到社會認同而努力履行異性戀義務的女性來說，或許被迫感受到自己的努力有多空虛。「腐女異性緣不佳」，或者說是「並不是腐女們不需要男性，而是男性不需要腐女」這類言論或許正具有安撫上述恐慌的功用。

「腐女是因為異性緣不佳才會迷上 YAOI・BL」，此一觀點背後所隱藏的見解是異性愛情對女性來說才是最快樂最重要的事物，而 YAOI・BL 充其量只是代替品而已。然而，對於自己熱衷的男性同性關係提出各式各樣的詮釋，參考他人提出的各種詮釋再強化自己的詮釋，與相同興趣的同好分享彼此的詮釋並熱烈討論，上述行為所獲得的樂趣，與一般和戀人或配偶相處所獲得的樂趣真的相同嗎？愛好 YAOI 的腐女們並非是被異性戀排擠，也並未拒絕異性戀，他們只是在追求藉由排除異性戀方能獲取的女性同性親密關係所帶來的樂趣。

謝辭：在此誠心感謝在訪談中提供寶貴意見，以及為本文提供協助的相關人士。

※　本文乃是根據二〇〇九年度向大阪大學大學院人間科學研究科提出之博士論文《女性のホモソーシャルな親密性をめぐる文化社会学的考察——「宝塚」と「やおい」のメディア論的分析を通して》【譯註3】的一部分改寫而成。

附註

註1　隨著「腐女」一詞的普及，被用以指稱包含非「YAOI・BL」愛好者的全體女性御宅族（otaku）的情形也屢見不鮮。然而在腐女之間，該詞僅限於用以指稱「YAOI・BL」愛好者，本文中的用法也依循此原則。

註2　名藤多香子〈「二次創作」活動とそのネットワークについて〉，玉川博章、名藤多香子、小林義寛、岡井崇之、東園子、辻泉：《それぞれのファン研究─I am a fan》，風塵社，二〇〇七年，七〇至七二頁。

註3　可見森川嘉一郎〈数字で見る腐女子〉，《ユリイカ》，39巻16號，青土社，二〇〇七年。

註4　本文資料來自於筆者二〇〇四至二〇〇九年間於同人誌販售會的訪察心得，二〇〇五年針對六名「YAOI」愛好者的訪談資料，以及「YAOI」同人誌和網站資料。另外，本文資料來源是以同人誌販售會以及二十至三十九歲的同人誌販售會參加經驗者為主，因此本文論述是否適用於沒有參加同人誌販售會習慣的「YAOI」愛好者，以及較為年輕或年長的世代，仍有待商榷。

註5　以現實人物為題材的作品雖然並不屬於二次創作，但本文以下提及之二次創作則將其納入討論範圍。

註6　大塚英志《物語消滅論―キャラクター化する「私」、イデオロギー化する「物語」》（角川 one テーマ 21 新書），二〇〇四年，二十八頁。

註7　大塚英志〈世界と趣向―物語の複製と消費〉，《定本　物語消費論》（角川文庫），二〇〇一年。

註8　東浩紀《動物化するポストモダン―オタクから見た日本社会》（講談社現代新書），二〇〇一年。

註9　「原作」在本文中用以指稱包括現實人物在內的二次創作題材來源。

註10　本文所稱「角色」包含被「YAOI」化的現實人物。

註11　關於「YAOI」系女性御宅族們為何會對男性角色間的人際關係產生興趣，請參照拙作〈女性のホモソーシャルな欲望の行方―二次創作「やおい」についての一考察〉，大野道邦、小川伸彥編：《文化の社会学―記憶・メディア・身体》，文理閣，二〇〇九年。

註12　女性御宅族的關係圖消費型二次創作並不僅限於「YAOI」作品，也包含將漫畫或卡通中登場的男女角色配對描繪的愛情故事作品。

註13　木島由晶〈なぜキャラクターに「萌える」のか―ポストモダンの文化社会学〉，南田勝也、辻泉編著：《文化社会学の視座―のめりこむメディア文化とそこにある日常の文

化》，ミネルヴァ書房，二〇〇八年，一五一頁。

註14 同附註8。

註15 伊藤剛〈男性のための〈試験に出る〉やおい講座 第2回・八〇年代初頭「アニパロ時代」篇〉，《マンガは変わる—"マンガ語り"から"マンガ論"へ》，青土社，二〇〇七年，二二二至二二三頁。

註16 三浦しをん、よしながふみ〈やおいは男同士でなくてもいい〉，よしながふみ：《よしながふみ対談集 あのひととここだけのおしゃべり》，太田出版，二〇〇七年，一六七頁。

註17 同附註16，一六六頁。

註18 Jonathan Culler, Literary Theory: A Very Short Introduction, Oxford University Press, 1997.

註19 同附註18。

註20 渡辺由美子〈青少年漫画から見る「やおい」〉，《ユリイカ》，39巻7號，青土社，二〇〇七年，六十九頁。

註21 同附註16。

註22 訪談當時為二十來歲女性，訪談日期：二〇〇五年六月三日。

註23 訪談當時為二十來歲女性，訪談日期：二〇〇五年八月三日。

註24 同附註8，一三五頁。

註25 「萌」一詞在腐女之間主要用以表示對YAOI・BL題材的極度喜愛，用法與「喜歡」或「動心」雷同。

註26 同附註8，一三八至一三九頁。

註27 金田淳子〈やおいパロディにおける腐女子の規範と可能性〉，日本性教育協会編：

《性科学ハンドブック12　腐女子文化のセクシュアリティ》，日本性教育協会，二〇〇九年，六十三頁。

註28　單就創作者而言，原作相關型YAOI和平行世界型YAOI並無不同之處，即使部分創作者並不從事平行世界型的二次創作，但是幾乎所有創作者都曾創作過原作相關型YAOI作品。平行世界型YAOI具有作品數量會隨著原作題材被用於YAOI創作的時期越來越長而逐漸增加的傾向，可以推論當原作相關型二次創作的題材被用盡到某種程度之後，多數創作者就會轉而進行平行世界型二次創作。

註29　本文雖將平行世界型二次創作分類為三種模式，但是YAOI系女性御宅族並無對此三種模式的認知，而是以「平行世界」型概稱之。他們會進行何種題材的平行世界型創作，則會受到個人喜好或是可用於平行世界設定的時下流行趨勢所影響（例如女僕咖啡廳流行之際就會出現女僕題材的作品）。

註30　本文雖將男性角色的身體變成女性身體的「女體化」、男性角色懷孕的「懷孕生子梗」等等，這些（一般並不被稱為「平行世界」設定）更改角色本身設定的YAOI也歸類於模式C，但也可以另外分為一類。

註31　同附註2，六十頁。

註32　渡辺保〈絢い交ぜ〉，《歌舞伎のことば》，大修館書店，二〇〇四年，一五一頁。

註33　同附註20，七十頁。

註34　ニクラス・ルーマン《情熱としての愛―親密さのコード化》（佐藤勉、村中知子譯），木鐸社，二〇〇五年，二十至二十一頁。中文翻譯引用自尼克拉斯．魯曼《愛情作為激情：論親密性的符碼化》（張錦惠、王柏偉譯），五南圖書出版股份有限公司，二〇一一年，五五至五六頁。

註35　小谷真理〈テクノガイネーシス〉，《女性状無意識（テクノガイネーシス）―女性

SF論序説》，勁草書房，一九九四年。

註36 同附註35，二八四頁。

註37 同附註34。

註38 同附註34，九十四頁。

註39 稲葉振一郎〈モダンのクールダウン 片隅の啓蒙〉，NTT出版，二〇〇六年，八十一頁。

註40 同附註38。

註41 東浩紀《ゲーム的リアリズムの誕生ー動物化するポストモダン2》（講談社現代新書），二〇〇七年，六十二頁。

註42 資料來源為二〇〇九年二月於東京舉辦之同人誌販售會傳單。因為販售會嚴禁向同好者以外的對象公布相關資料，詳細資訊在此略過不提。

註43 同附註15，二二二頁。

註44 伊藤剛〈801ちゃんのとなりで〉，《ユリイカ》，39巻7號，青土社，二〇〇七年，一〇四至一〇五頁。

註45 〈堺市立図書館、BL本排除騒動の顛末〉，《創》，39巻5號，創出版，二〇〇九年，一一二頁（上野千鶴子發言）。

註46 同附註2，七九、九十至九一頁。

註47 金田淳子〈マンガ同人誌ー解釈共同体のポリティクス〉，佐藤健二、吉見俊哉編：《文化の社会学》，有斐閣，二〇〇七年，一八〇頁。

註48 Eve Kosofsky Sedgwick, Between Men: English Literature and Male Homosocial Desire, Columbia University Press, 1985.

註49 四方田犬彦〈男たちの絆〉，四方田犬彦、斉藤綾子編：《男たちの絆、アジア映画：

ホモソーシャルな欲望》，平凡社，二〇〇四年。

註50 可引以為證的就是能將主角姓名以自己姓名或其他任何姓名替代，被稱為「夢小說」的網路小說。其中多數為描繪現存男性角色或現實男性演藝人員與女主角愛情故事的二次創作，在腐女之中也有為數眾多的愛好者。

註51 辻泉〈関係性の楽園／地獄－ジャニーズ系アイドルをめぐるファンたちのコミュニケーション〉，玉川博章、名藤多香子、小林義寛、岡井崇之、東園子、辻泉：《それぞれのファン研究－I am a fan》，風塵社，二〇〇七年，二五三頁。

註52 同附註51。

註53 關於女性同性之間難以藉由異性戀關係來建立同性社交關係的論述，請參照竹村和子〈忘却／取り込みの戦略－バイセクシュアリティ序説〉，藤森かよこ編：《クィア批評》，二〇〇四年，八三至八四頁。

註54 若能就以上論點來理解 YAOI，如「以『（現實中的）男（同性戀者）』作為提高對文本理解度的保證」（石田仁〈「ほっといてください」という表明をめぐって－やおい／BL の自律性と表象の横奪〉，《ユリイカ》，39卷16號，青土社，二〇〇七年，一一六頁）、「YAOI／BL其實必須依存於現實中的男同性戀者才能成立」（加藤秀一〈ジェンダー論の練習問題（第49回）：やおい／BL入門のために（4）－「リアルゲイ」をめぐって〉，《解放教育》，489號，全国解放教育委員会，二〇〇九年，六十八頁），這些經常被用於批判 YAOI・BL 或腐女的論述，至少在關於 YAOI 方面立論顯得有些過於薄弱。因為腐女們在 YAOI 社群中所共有、用以詮釋男性間關係的愛情符碼，（多少）受到數量遠遠多於男同性戀文本，並且深入滲透社會的異性戀文本所影響，不需參考現實男同性戀的形象也可運用自如。當然這與 YAOI 是否會對男同性戀形成壓迫必須另當別論，筆者認為在理解 YAOI・BL

之際，無論是將現實中的男同性戀者作為提高分析者（而非腐女）對YAOI・BL理解度的保證，或是指稱「YAOI・BL依存於現實中的男同性戀者」，這些論述的精確性應該還有許多值得檢討的空間。

註55 同附註16，一五九至一六〇頁。

註56 同附註2，七十二頁。

註57 關於此點請參照ササキバラゴウ《「美少女」の現代史―「萌え」とキャラクター》（講談社現代新書），二〇〇四年。

譯註

譯註1 YAOI（やおい）一詞出現於一九七〇年代的日本同人誌團體之間，原意為「沒有『高潮』、沒有『結局』、沒有『意義』」，反應出當時的男性同性愛題材同人誌作品相對於商業作品，以愛情和性愛描寫為主並不注重故事鋪陳和合理性的特色。YAOI（やおい）則是取「高潮」（やま／yama）、「結局」（おち／ochi）、「意義」（いみ／imi）三個詞彙的字首所組合而成的造詞。

譯註2 「絢交」一詞原意為混紡。

譯註3 中文譯為：《以女性同性社交親密性為中心的文化社會學考察：以「寶塚」和「YAOI」的媒體研究分析為例》。

多層次的動漫性別政治

BL色情的承襲與威脅

文—邱佳心

近年來，BL的聲勢逐漸壯大，不只是租書店置有許多BL漫畫和小說，即便在最普遍的便利商店書架上都看得到BL的蹤跡。

BL作品的內容亦有愈來愈「重口味」的趨勢，許多BL作品都包含性的部分，除了男男插入式性交（肛交）之外，各式各樣的性場景和性情境，口交、虐戀、強暴、多人性遊戲等等一概不缺，過程鉅細靡遺，體位千姿百態，絲毫不比主流異性戀色情內容遜「色」。

女性的色情刊物？

BL（Boys' Love）是專門描述男性和男性之間愛情幻想作品的創作類型，始於七〇年代日本少女漫畫下的分支，屬於「虛構幻想的男同志」作品，並不完全等同於現實中的男同志。

發展至今，其創作類型橫跨漫畫、小說、動畫、廣播劇、電玩遊戲等等，在大宗創作者及支持者皆為女性的情況下，露骨且情慾四縱的性描述不斷被生產、消費、再生產，清楚顯示出ＢＬ為一種為女性服務的類型，不只是浪漫愛的幻想形式，更是一個女性情慾流溢的場所，一種屬於女性的「色情刊物」。

在此脈絡下，我將「ＢＬ色情」定義為「ＢＬ作品中含有明顯的性器官暴露或性行為描述之內容者」。於此鎮重聲明，色情只是女性觀眾在消費ＢＬ經驗中之一環，並非所有ＢＬ作品都含有性成份，也非所有ＢＬ作品都以性為重、都可被視作為ＢＬ色情。

長久以來，性一直是男性的專場，現有的色情絕大多數是男性的語言，並且是異性戀男性的語言，色情的現行公約也以異性戀男性為主要服務對象，以女性為主要描繪內容。相反地，以女性為服務對象，以男性為描繪內容的ＢＬ色情，顯然破壞主流的公約守則，不見容於父權異性戀體制，但近年來ＢＬ色情卻從過去的隱晦到如今招搖地逆向行駛於色情大道上。

也許複製了異性戀霸權特質

女性情慾的抬頭之於性別權力的意義為何？BL色情作品的內容又如何在具體上違反了父權社會的價值觀？

過去相關研究顯示，BL作品與言情小說或羅曼史擁有相近的特質。除去主角均為男性外，BL作品中時常複製異性戀價值體系中男強女弱的表徵，在外型、個性或行動上所展現的陽剛／陰柔特質，成為區分性角色中扮演攻受位置的重要指標，往往一再強調攻方之於受方的相對差異，宛如異性戀社會永遠談不膩男性之於女性的差異。

此外，一如言情小說，「浪漫愛的救贖方式」也是BL作品的常見內容。「浪漫愛的救贖方式」，是指純粹的愛情可以超越一切家庭、階級、種族、甚至是性別的問題。像是高富帥的霸道總裁遇見平凡無奇的雜草女，兩人互生愛意卻又屢遭波折，但最後總能在緊要關頭化險為夷。浪漫愛的幻想，反映女性對現實中無法實現之愛情的憧憬和渴望，既行禮如儀地複製了異性戀機制，又弔詭地顯示出，現實中的異性戀機制無法滿足女性潛在的慾望【註1】。

以國內頗具知名度的日本BL色情遊戲《咎狗之血》為例，此遊戲的背景是虛構的戰後世界，暴力是遊戲中的重要成分，性在其中亦被定位為暴力的一環，並以戰後缺乏女性的環境，合理化遊戲中的男男性行為。

就攻受的位置而言，主要角色的外型與攻受的分配有直接相關：攻方（男方／插入方）的體格較為壯碩、面貌剛毅、膚色較深、年長；受方（女方／被插入方）則體型嬌小、面容姣好、膚色白皙、年幼。此外，透過性場景中的雙方互動，亦傳達出「男主女從」的性別特質訊息：幾乎在所有性場景中，皆是由攻方主導性行為的過程，對性顯得主動、熟練、冷靜；而受方則在過程中處於被動，對性懵懂，並感到羞恥和無措。

「放開我！」

「我説過了，我是你的所有者。」

——《咎狗之血》對話節錄

沒有性「別」的戀愛

《咎狗之血》表現性別特質的方式非黑即白，這些訊息基本上無異於社會主流的價值觀。然而，只談到這個層次，BL色情似乎只是一味承襲既有的性別規則，沒辦法寄望它打破異性戀霸權的窠臼。不過，更深入思索，其實BL色情可玩味的不止於此。

有別於現實生活，《咎狗之血》創造了一個「同志」當道的世界。異性戀是目前現實社會的主流，廣泛而細微地滲透社會的每一處縫隙。每一次自我介紹，都是明顯卻也不易察覺的例子——你不會特地向別人說明「我是異性戀」（如果你是個異性戀者），但所有人都會「知道」你是異性戀——這即是異性戀體制展現霸權的時刻。人自出生那一刻起即不斷接受薰陶，自然地接受異性戀思想的領導地位和價值觀念，並不假思索地將所有人（包括自己）皆預設為異性戀。

異性戀的領導地位在BL色情遊戲《咎狗之血》中雖仍佔有一席之地，但遊戲卻也利用了這樣的前提，刻意設計出一個女性匱乏的時空，在不違背異性戀主導位置的情況下，將男男性行為以生理需求之名予以合法化，甚至是正常化——遊戲中所有主要的男性角色，都可能是和男性主角發生性關係的對象，不論是出自於情感表達或性慾發洩。

遊戲中所有男性都把同性視為性慾對象，而非少數個案的男性如此，在異性戀社會看來簡直匪夷所思，但這卻是BL色情遊戲世界中的規則。這種「大家都是『同性戀』【註2】」的環境，就人們對現實世界的認知來說，實為「不合理」，不論是因為異性戀真的佔多數，或是因為異性戀思想盤踞於多數人的觀念之中。然而，這種同性戀比比皆是的「不合理」，不正是對異性戀霸權的一種嘲諷？為何當一個時空下的同性戀人數太多時，社會會去懷疑這樣的情境的真實性，但卻不會對數不勝數的異性戀真實性提出同樣的質疑？

更進一步來看，當男男之間的情／慾行為成為虛構世界中的常態，與其說這個世界「滿是同性戀」，不如說是個「去性別」的世界——只有一個性別，也就代表沒有性「別」。當性別不存，「異性戀」或「同性戀」之分自然也不再具有意義——一個人所愛上的，不過就是另一個「人」。

關於愛情，遊戲對主角的心態有直接的描寫：「他的判斷標準就是『在一起的感覺好不好』……除此之外，性別或外表等等其他的因素都是表面的，若與自己合不來的話，就沒有任何意義。」這種想法構成遊戲對愛情的主要論調，性別幾乎不是角色間發展感情時會考慮的問題，重要的是彼此的相處與瞭解，也唯有在雙方都理解對方的過去和想法之後，心意互通的浪漫情愛才有可能發生。

這種「去性別化」的愛情觀念，固然可以看成反抗異性戀體制，但若從另一個角度思考，強調「去性別化」，似乎也是合理化同性情感的委婉策略，掩蓋普遍瀰漫於社會的同性戀焦慮。更嚴格來說，去性別化不無可能是恐同論述的一種變形，它對同性戀的接受也許並不是真正的接受，而是尋找一個接受同性戀的理由，來轉化同性戀焦慮。

不過，以此全盤否定去性別化概念的價值也不適合，至少其態度是正面的，並提供了一套異於異性戀慣性規則的選擇，讓情感得以跨越性別的界線而不以此為罪，甚至暴露出異性戀體系下的性別盲點，重整僵化對立的性別和性慾取向，將情慾發展的可能性和對象的選擇權重新歸還於個人，而不需要依循性別二分的規則。

換個位置，再來一次

除了在概念層次上對異性戀體制進行思想解套，BL色情作品對社會秩序最顯而易見同時也是最重要的反動，就是將男性從主動的觀看者位置翻轉為被觀看的慾望對象。男性身體一樣可以被性感地表露、被充滿慾望地凝視。

現代流行文化和藝術中，鮮少能夠看到男性以類似女性的方式來展現他們的身體，男性影像很少是女性或男性觀眾注意的目標，更別說男性裸體【註3】。但在BL作品裡，男性同時成為作品中其他男性角色及作品外女性觀眾的觀看對象，並成為至少是作品中男性角色的慾望目標。

就BL色情遊戲《咎狗之血》的案例看來，無論是遊戲文字或是圖片的描述，均對男性進行了「女性化」的擺弄和窺視。在遊戲有關性場景的圖片中，一般認知與女性連結的陰性特質或屬於女性身體的視覺符號，一一以男性身體重現，如將手銬、鎖鏈等縛具加於遊戲主角身上，而柔弱無助的表情、細膩柔軟的肌膚或迎人大張的雙腿等在主流色情中的女性符號，也透過身為男性的主角來詮釋。

更有甚者，主流色情中最為女性主義所詬病的強暴迷思，也被ＢＬ色情所利用，成為對男性暴力幻想最諷刺的模仿。遊戲中多次出現的強暴情節，時常明陳暗指主角在痛苦中卻抗拒不了「男性身體的可悲反應」，並在各類性場景圖片中，描繪出主角即使表情痛苦卻依舊象徵性興奮的挺立陽具。比起女性隱於體內、難以以肉眼判斷的性高潮，男性外顯的性器官是更誠實的指標，這卻也恰恰成為對強暴幻想最尖銳、最極端的嘲諷。

於是，傳統上被定義為女性位置或女性特質的符號，被以男性身體重新呈現，男性於焉成為被動的慾望對象，女性扮演主動的觀看者。觀看與被觀看位置顛倒，男性身體進一步化作性感的道具，承載著慾望。反撲傳統性別特質，隱隱威脅父權異性戀價值體系和性別間的權力關係。

ＢＬ色情發展出一套男性身體為女性服務的另類色情。在過去由男性專擅的色情領域裡，ＢＬ色情硬生生造出一座由男性生香肉體搭建的女人天國。話說回來，此處也藏有容易使人誤入的陷阱，即誤把「均等受害機會」視作兩性平權的象徵。就表面而言，「觀看／被觀看位置」的翻轉似乎能夠一反女性情慾長期受壓抑忽視的怒氣，但真正重要的，卻並非以其之道還治其身——能夠窺見觀看位置翻轉之後所開放的性別視野，鼓勵人們重新省視性別的「複數可能性」，捨棄鞏固「單一絕對性」的神話，才是ＢＬ色情所啟發的真諦。

附註

註1 參考見：Radway, J. A. (1984). Reading the romance: Women, participatory and popular culture. Chapel Hill and London: The University of North California Press；張秀敏（二〇〇五）。《薔薇園裡的少年愛——同人誌文化與青少女性別主體》。國立中正大學電訊傳播研究所碩士論文。

註2 此段落的「同性戀」用詞，比起性慾取向上的同性戀者，更接近於情感關係上的同性與同性之間的戀情。

註3 參考見：Liesbet van Zoonen 著／張錦華、劉容玫譯，二〇〇一。《女性主義媒介研究（Feminist media studies）》，臺北：遠流。

腐女的入櫃與出櫃

文一劉品志

二〇一二年的五月，在那艷陽高照的高雄夏天，我正在某高中的教職員辦公室等待三位高中女生進行訪談。

我們坐在辦公室進出口旁的一個長桌，三個高中女生靠得很緊，我心想，他們大概對於老師邀請他們來進行BL訪談還是覺得很訝異吧！我們輪流做過簡單的自我介紹後，坐在離我最近的一位指著我那別在包包上的攻、受、CP配對的徽章說道：「你這樣好像有點……太張揚了。」當他用疑問和帶點指責的口氣對我說時，我的內心頓時顫了一下，隨後身為研究者的好奇跟不解讓我迅速做出了回應：「你為什麼覺得喜歡BL這件事不能太張揚？」他大概沒有預期我會這樣回問他，愣了一會後，對我說：「就……讓太多人知道不太好。」

Why?

為了理解腐女的ＢＬ閱讀經驗和社會處境，我從網路平台、ＢＬ及腐女相關的社團當中，邀請到三十多位認同自己是腐女的受訪者來進行訪談。在訪談過程中，我發現一個有趣的用字遣詞現象：腐女談論到ＢＧ（boy and girl，男孩和女孩）類型的作品時，會不自覺用「一般向」、「正常向」來指稱，講到ＢＬ作品卻會改用「非一般向」稱之。

此外，絕大部分的腐女不太會跟非ＢＬ的同好提起自身的興趣或身分認同，遑論父母。許多腐女除了要「低調」隱藏自身興趣外，甚至還要刻意藏起家中的ＢＬ文本。究竟，ＢＬ到底有什麼「不一般」、「不正常」的特色，讓這類文本必須被另眼相看？而熱愛ＢＬ的腐女們又為何強調「低調」和「自主規範」？這樣的現象和社會上的性別政治有何關聯呢？

臺灣人在社會生活和甚至是法律等規範，都圍繞著異性戀的預設來制定，而ＢＬ卻描繪了社會不願觸碰的禁忌議題——同性相愛。不少腐女之所以喜歡ＢＬ，正因為這是「禁忌」的文本，閱讀這類不被社會認可的情慾關係，為腐女們帶來了挑戰禁忌的快感。如同師生戀、兄妹愛，或是比較獵奇的異性戀作品一樣，禁忌主題自有賞貨人。同時，腐女好奇男性身體以及性行為，ＢＬ文本滿足了窺視的快感。

再者，女性是創作ＢＬ的主力，也是消費ＢＬ文本的大宗，並且由於社會上異性戀男性對於男同性愛戀文本的恐懼和厭惡，久而久之，一個專屬於女性的情慾空間便開闢出來了。而在另一方面，ＢＬ文本藉由清一色男性角色的描繪，排除女性角色，因而可以避免女性讀者常在主流男性中心文本中，看到女性於異性戀關係當中的弱勢位置，ＢＬ甚至倒轉了「男性凝視其他性別」的視角，改由「女性讀者凝視男性角色」，多少顛覆文本閱讀視角上的性別權力不對等。

以父／異之名

ＢＬ文本的重心在於男男相戀的劇情，但說故事的手法跟男同志所創作的作品並不相同。

ＢＬ中的男男戀以及性行為的描繪，一方面帶給腐女們挑戰社會禁忌和窺視的情慾快感外，另一方面則觸碰到父權體制和異性戀霸權下的敏感神經，也造成許多腐女自知這樣的興趣必須被當成秘密來看待，原因就出在周遭親朋好友的負面態度和質疑當中。

泳茵就提到，當妹妹得知他看ＢＬ的興趣後，所給予的回應是噁心、變態的行為，而父母的反應則是用「只要你不會變成同性戀就可以」之條件，限制泳茵的興趣。另一位腐女小蒼也提到，雖然已經跟母親再三表明自己的異性戀身分，但是短頭髮的打扮以及熱愛BL的興趣，仍然讓他三不五時遭到母親的騷擾和告誡：「你不要喜歡女生，你不要帶女朋友回家。」

受訪者當中，有許多腐女的父母在得知女兒有這樣的興趣後，表達害怕女兒會變成同性戀的擔憂，這樣的脈絡顯示出一個連結性——BL在外人眼裡等同於同性戀，而愛看BL的人就無可避免的被懷疑、揣測其性取向是否也是同性戀——這樣的連結強烈性有一個背後隱藏的恐懼，也就是閱讀或消費BL文本會造成閱聽人性取向的改變。泳茵和小蒼的經驗顯示了他們父母真正在意的不是BL作品的內容本身，而是擔憂女兒因為看了這些「同性戀的漫畫」從而影響、動搖其異性戀的性取向認同，而這個擔憂和害怕其實和社會上對同性戀的不了解以及恐懼是息息相關的。

除了對性取向的揣測和擔憂外，在朋友群當中，腐女最常遇到的是言語上的攻擊：

我跟以前國中的好朋友分享說我最近在看BL，他們就說：「蛤？你怎麼在看這些？」那個臉就是一副很噁心的那種感覺。然後有幾次跟異性朋友講這些的時候，他們就說「很噁心啊……你把這些東西收起來藏在你家床底下，不要給別人看到！」就很多一些不好的字眼就講出來……噁心、變態、人渣……之類的，之前還遇到有一個非常激動，他跟我講說上帝創造人類就是該男人愛女人，男男這種東西他們根本只是愛屁眼。（雞蛋）

針對BL的言語攻擊大多都是用「變態」、「噁心」一詞，而這類詞彙很明顯就是針對BL中的男男戀和性行為而來。主流論述不認可同性戀的情慾關係，以至於在既有的認知框架下，為了排除BL這「異端」他者和維護異性戀霸權的合理性，用「變態」、「噁心」來指稱BL／同性戀的不符合常理，加以汙名化。於是，腐女對於BL的熱愛以及其身分認同便成為恐同症的另一個攻擊目標：

雖然我們班上同學都已經知道我是腐女，可是他們都很難接受。他們有時候就覺得奇怪你為什麼要看這個，動不動就說什麼你很變態、你很噁心。像我哥也是啊！他有一次就對我說他們班上有腐女，他說：「天啊！超噁心，他們都在看什麼東西，兩個男的到底哪裡好看啊？」他在我面前說這個……很噁心，他不想靠近那兩個女生，我心裡就想說：「拜託，你眼前這個就是腐女好不好？」所以我在家也都要很克制，不要讓他看到。（岑芳）

由於腐女的身分是伴隨ＢＬ而定義的，上述對ＢＬ攻擊的詞彙也就無可避免地波及腐女。岑芳哥哥的說法，不只標示出ＢＬ／腐女／同性戀是一個「不可欲」的位置，更讓岑芳知道自己的興趣是不可以被哥哥知道的事情，在這樣的情況下，絕大多數的腐女在自知自己是「少數」的情況下，大多選擇忍氣吞聲或是低調處理。

我訪談的這些腐女中，有三分之二以上表明曾遭遇過類似的不友善經驗。除了是針對ＢＬ的興趣和身分認同而來的攻擊外，購書和租書的經驗也讓他們體認到書籍審查制度的雙重標準：

> 很明顯就是ＢＬ不管有沒有Ｒ級或Ｈ，統統都放在十八禁。可是ＢＧ有很多已經跨入十八禁的範圍，卻沒有把它列入。其實剛開始做分級的時候，我就覺得這是一個很不公平的現象。……應該是說我們的社會，本來就比較沒有辦法接受同性戀吧？因為在老一輩的心目中，他們還是認為同性戀的戀情是違反社會倫理，而且也是一種精神病的症狀。（Bony）

在父權和異性戀霸權的社會，對於ＢＬ以及其愛好者是不友善的，在這樣的情況下，許多腐女學會隱藏自己的喜好和身分認同，而且也會在進行各種策略和觀察之後，才決定是否對他人揭露這項喜好。

在訪談過程中，有許多腐女分享了許多在家庭、學校、網路上所遭遇到程度不一的不友善經驗。如同前文所述，這類不友善經驗反應出社會上對於同性情慾文本的否定和排斥。這類日常生活經驗，讓腐女學習到BL的興趣和腐女身分是一個不可告人的「秘密」，伴隨這秘密而來的，便是身分和興趣的「入櫃」以及尋找同好的「出櫃停看聽」。

入櫃與出櫃停看聽

面對外在不友善氛圍，腐女自身的興趣和身分認同變成一個必須隱藏的「秘密」，為了避免露出馬腳，腐女們發展出各種隱藏BL文本的方法：舉凡把BL漫畫的男男封面用書套包起來、檔案設密碼、將BL書籍鎖在櫃子裡或是用少女漫畫來魚目混珠等等，這些手段與保護措施都顯示BL的興趣和喜好是一個不可告人的秘密。而之所以會布下這麼嚴密的防範措施，就在於擔心圈外人知道自己興趣後的負面反應。

受訪者 Rita 曾提到自己有個同樣身為腐女的同學，在學校透露出自己的腐女身分後，遭到同學們的疏遠，甚至還有同學表示「這腐女心理不正常」的悲慘經驗，讓 Rita 認為未公開表明自己腐女的身分才是明智的——不透露這樣的興趣給「外人」知道是最省事的——就像另一位受訪者小妍說的，真正的腐女不能讓他人知道他是腐女，除非對方是非常熟悉的好友、或者根本也是腐女，他才會考慮公開自己的ＢＬ興趣。

如果說腐女／ＢＬ常常遭受恐同症的壓迫和取締，在這種氛圍下，腐女要如何確定對方是否友善呢？又他們如何在茫茫人海中尋找同好呢？除了旁敲側擊，推測對方是否對同性戀議題友善、或是否同為腐女之外，彼此日常生活的相處和觀察，也是腐女判斷對方是否有機會接受ＢＬ的線索，以作為其「出櫃」與否的判準：

> 我周圍的朋友都知道我是腐女，我家族裡面只有我哥哥知道，我曾經有試過稍微試探一下，看他們對同性戀的感覺是怎樣，我發覺他們……我爸啦！好像有點反感，所以覺得還是不要讓他知道的好，不然會很麻煩。（小怡）

腐女辨別對方友善與否的小撇步，包含在日常生活觀察父母對同性戀議題的開放與否、對方是否知道ＢＬ、以及最保險的方式——對方也是同好時，他們才會公開「出櫃」自己的腐女身分。以下的訪談對話則可以具體且細緻的表現出腐女「出櫃停看聽」的過程：

喵喵　我會先問說你知不知道什麼東西叫做ＢＬ？如果他不知道我就不會再講，如果他知道我就會講。或者是……我們之前在國文課的自我介紹，我就會問說你喜歡看漫畫或小說嗎？如果沒有就算了，不用繼續講，如果有的話就會問說你喜歡看哪個作者的。

我　就是有點用迂迴的方式來確定對方。

喵喵　對，我會先評估一下他是不是有可能是同好。像之前有一個就是因為《吾命騎士》，然後他剛好也喜歡看，我就說：「你知不知道什麼東西叫ＢＬ？」他說：「我知道啊！」我說：「你是腐女嗎？」他說：「我是。」我就說：「真的嗎？太好了！」

我　所以你會靠作品來迂迴的確認對方是不是腐女，而且要確認對方是，你才會公開腐女身分？

喵喵　對，因為我們系上有一些人比較不能接受這種東西。像是我們班上很少男生，但是我們班上的男生基本上都是排斥這種東西。

除了用丟問題來迂迴確認對方是否可能為同好外，腐女們也會藉由關鍵字或是「腐女雷達」等方式來判斷對方是否為同好：

一開始我們有同學直接帶BL到學校，他們有些是國中部直升上來，所以本來就認識。他們就會在班上看也有小討論，有時候聽到那種key word（關鍵字），你就會打開那個開關慢慢走過去。（Bony）

我第一個認識的耽美同好朋友是在大學認識的，就是有一種雷達，我很難說明。認識的過程就是我第一次遇到一個女生，但是卻有種熟悉感，然後我就不假思索脫口而出：「你有看BL嗎？」這樣認識了。這感覺很難說明，但就是知道對方也是。（雅典娜）

應該說是……同類相吸嗎？即使完全不知道那個人，可是你發現跟他接觸之後兩個人都是腐女，雖然可能喜歡的東西不一樣，但你們會發現都是腐女。你明明跟那個人都沒有照面過，你就覺得腐女還是有吸引力的……腐女有一種吸引力會吸引同類來相聚。（Rita）

不論是Bony所述的關鍵字或是雅典娜用「雷達」，借助這種難以言喻的直覺與共通的熟悉感，腐女跳過前述的「出櫃停看聽」的迂迴方式，一見如故。

Rita的經驗也顯示，縱使沒有明顯的線索讓腐女察覺彼此的存在，但「同類相吸」這種微妙的現象，還是讓他們得以跨過許多出櫃策略而得以迅速找到彼此，與同志圈內常用的「Gay達」一詞有異曲同工之妙。異性戀霸權／父權體制迫使同志的性取向／腐女的BL興趣噤聲，憑著上述這些在肢體、語言、文本甚至是看不太出來的「腐女密碼」，他們得以彼此相認。

在父權和異性戀霸權的社會，描繪同性愛與男男性行為的BL成為恐同症的標的，腐女在面臨外界對其興趣和BL作品的負面對待後，發展出與同志族群相仿的出櫃停看聽策略，除了以低調和隱藏自身的興趣來迴避外界的不友善目光之外，更藉由許多迂迴且旁敲側擊的方式來確認對方是否為友善的。而對於BL的了解、是否有看BL作品、對同性戀議題的態度以及是否為同好等等，都成為是否表明自己為腐女身分的重要線索。此外，為了能在茫茫人海中尋找同好，使用關鍵字、腐女雷達等，都是腐女們相認過程的可用資源。

逃逸與抵抗

許多腐女談到ＢＬ，常會強調這只是個人的興趣，或是常指出腐女該有的「自主規範」，包括不能在公車上看ＢＬ、不能跟外人推銷ＢＬ、必須在自己的相簿標上「有ＢＬ請慎入」的字樣，這些林林總總的自我規範是為了避免「正常向」的人「不舒服」？還是擔心自己這樣「異類」的興趣會遭受外界的攻擊？或是兩者皆有？在與這麼多位腐女訪談以及聽過他們的生命經驗後，我深刻感受到這些現象和規範的背後，其實面對的是來自於父權體制與異性戀霸權的雙重社會結構，對女性情慾及非異性戀者的壓迫和歧視。

事實上，也正是因為有這些受迫經驗，促使著許多腐女去重新省思和檢視社會上的性別體制和意識型態。過程中，腐女透過ＢＬ作品所建構出的一套「愛不分性別」性別友善論述，進而去接納和關懷現實社會中的同志社群。

當「真礙聯盟」【註1】以宗教教條和恐同論述作為打壓同志教育的手段、保守教會團體抵制伴侶盟所推動的伴侶法和同性婚姻法之際，不同於女性主義和同志運動陣營所用的政治策略和論述方式，腐女和ＢＬ文化或許可以成為讓一般大眾能夠支持伴侶法和同性婚姻法的一個可能策略。

附註

註1 雖然該團體以「真愛聯盟」自稱，但其所作所為對性平教育的推行是很「礙手礙腳」的，因此以「真礙聯盟」稱之。

正太控？BL？未熟的性魅力

文— elek

我小時候，「BL」這個詞的意思跟現在不大一樣，至少在一個不大不小的圈子裡是這樣。所謂「我小時候」，指的是一九九〇年代末到二〇〇〇年代初期，那時BL的確是「boylove」的縮寫，不過意思是指「對男孩的愛欲」或基於這種愛欲的關係。「男孩」的年齡範圍因人而異，多半落在國小中、高年級到高中，第二性徵發育成熟之前。Boylove這個詞的來源也要往太平洋的東邊找，而不是北邊。當年的網路世界還沒有臉書，好比大航海時代的臺灣，到處是寶，陸上交通卻十分不發達，「boylove」這個關鍵字能開啟一整個小世界，諸如北美男人／男孩愛欲協會（NAMBLA）、Boylinks搜羅了男孩愛的相關連結。

而今，大家說起ＢＬ並不會特意強調年齡，日本的少女漫畫家在「Boys' Love」（ボーイズラブ）這個主題下創作了各種男男組合，其中年齡較輕的特稱為「正太」（ショタ），但即使是「正太」也跟二十年前的boylove有微妙的差別。

微妙的差別就在於，ＢＬ、正太、腐女，乃至一系列繁複的攻受類型與配對，都來自於ＡＣＧ文化，攀附著二次元的漫畫、動畫、插畫、小說等作品茁壯。反觀自我認同為「boylover」的人，不管他對ＡＣＧ的觀感如何，主要還是考慮日常生活中三次元際遇。固然這些語詞的界線從來沒辦法一刀兩斷，按二十年前的意涵稍作區分還是會有幫助，否則我們不容易觀察到一些有趣的現象，畢竟「正太」這個語意也「今非昔比」了。

三次元正太的色情影片

《鉄人28号》的主角金田正太郎，穿西裝配短褲，引起許多人的遐想，以致出現「正太郎情結」（正太郎コンプレックス）之說，起自一九八〇年代初期動畫雜誌的訪談，據說是「正太控」（ショタコン）一詞的起源。

同時期，堂山公司開始製作、生產、販賣男孩取向的色情影片，流通甚廣，後來更被翻錄成數位格式，繼續在 P2P 網絡中傳散。數位化過程中，或許是配合當年的硬體與頻寬，影片多半經過剪輯【註1】，遂得以側窺部分消費者的欲望重點。

堂山的影片幾乎都以八至十四歲的男孩為主角，另一位通常是大叔，偶爾是青少年。導演的偏好不一，有些會花不少鏡頭經營男孩的生活片段，有些強調原始與純真，無論如何，拿堂山的影片跟ACG作品中的正太作比較，拍攝或創作時帶著哪種欲望就相對容易辨識。

說到底，色情素材（porn，ポルノ）要能撩動目標客群的情欲，純粹拍攝做愛過程之外，堂山的企劃製作也常跟拍男孩在野外的活動，或融入日常生活（如泳池更衣）與傳統慶典。回到室內，鏡頭時常特寫一隻手玩弄男孩未發育或發育中的陰莖，身體部位則著重穿短褲或褌的胯間，胸腹平坦，肋骨明顯可見，趴姿或跪姿翹高的臀部也不會遺漏。一般AV幾乎都會著墨射精過程，堂山的影片倒不一定，這可能受限於主角的發育進程，但從（經過剪輯的）比重來看，射精的過程也略少些。

一九九九年，平成十一年法律第五十二號一，取十八歲為兒童色情素材的分野，明確規定了刑罰，此後堂山公司逐漸淡出市場，市場則迎向網際網路和整個數位生態系帶來的變革。

有些欲望可能早已存在，網路卻加以放大【註2】，牽起懷抱共同欲望的陌生人，彼此交流，讓欲望定形，乃至分化。堂山的色情影片從錄影帶走到數位檔案，二十年來一直以「未熟」的魅力召喚著正太控，後者受制於各國日趨緊縮的兒少性交易刑罰，溷跡中國和俄羅斯等地尚未收網的主機。

ACG中的未熟感

ACG文化中的正太，作者通常不太強調發育未熟，至於「男孩子」的活潑淘氣、熱血白痴，跟同性的競爭心理，跟異性的彆扭情愫，都是常見的主題，姑且不表。

志村貴子的《放浪息子》（ほうろうむすこ）是刻劃比較細膩的作品，鋪陳「想成為女孩的男孩」二鳥修一和同學「想成為男孩的女孩」高槻佳乃，如何發現彼此的欲望，結伴變裝到外鎮，經歷各種事件，一路從小學到大學。志村作畫簡樸，抓心理轉折很精準。修一如履薄冰地逼近欲望，過程中擔心別人的目光、父母的期待，把握各種機會多作一點嘗試，即便只是望著姊姊或高槻的可愛衣服出神，羨慕女孩子得到的禮物；凡此，實際嘗試過變裝，或者讀過何春蕤的〈認同的「體」現：打造跨性別〉的人，不難感同身受。

是的，那份「未熟」不僅包含堂山的鏡頭捕捉到的發育中的身體，某些心理狀態也格外與之親和。國中小班上常常會有「風雲人物」，他們多半發育較早，身高和體型都壓過發育較晚的同學，以男生來說，前者往往受異性青睞，後者位處邊陲，自行其是，他們的欲望通常要讓路給核心圈的男孩。他們也會「掙扎」，可惜那個年紀的你我尚未養成反思的習慣，也沒有太多資源裝模作樣，因此最殘酷，拒絕別人的時候從不吝惜簡窳粗糙的語言。爭取與受挫，生怕手上僅有的一點收穫被奪走，就這樣解析出了「未熟」的一點一滴。

腐女向BL與女裝正太

日本的ACG作品中，同性情欲常常是透過腐女向BL作品折射出來，姑且不論跟現實距離多少，首先就跟「同性戀男生對同性戀男生」的欲望有所隔閡。腐女向作品通常還是以少女漫畫的「語法」說故事。我所謂「語法」，如果拿漫畫作例子，那就是指作者怎麼在頁面上安排畫格（畫格數、形狀、順序等等），刻劃動作或側重心理，又怎麼帶出角色的心理狀態。少女漫畫的得意技術，就是揭開「心理」這個黑盒子，不吝惜用大半頁面表現角色，或集中大半篇幅處理細膩的心思流變。

另一方面，角色對白也會出現「我總認為『一直』『絕對』這種果斷的說話方式，反而最不真實」【註3】等「拐彎說話展現獨斷」的修辭。這種修辭固然跟日文和日本文化脫不了干係，卻是腐女向作品將之發揚光大，於是男人觀察男人的餘裕就被拓展出來了。要說日常生活中男生會這樣觀察男生、這樣對另一個男生說話，在臺灣恐怕還浮現未久。

此外，腐女向作品的男子通常美型，幾乎看不到臺灣男同志圈賣相頗佳的熊形象，運動型正太還是求諸少年漫畫如《哨聲響起》（ホイッスル！）比較快。

腐女向作品中美型的男子居多，反觀《少年嗜好》和《少年愛の美学》這類漫畫選集（アンソロジーコミック）就常主打「女裝正太」，用典型少女漫畫的技法畫男孩，神似三次元的 Ladyboy，卻不能視為「美型過頭」的產物。日本成人影片公司 NATURALHIGH（ナチュラルハイ）於二〇〇六年推出《我的 Pico》（ぼくのぴこ）正太動畫系列，被歐美網友引以為奇觀。綜觀 YouTube 上充斥「觀影反應」的剪輯，網友驚呼「不可思議」、「媽我到底看了什麼」之餘，他們挑出來檢視的呈現手法、語彙和 Pico 的外型，大抵會成為往後一般人對正太控的第一印象吧！其實女裝正太早就存在，《我的 Pico》只是讓世界「發現」女裝正太而已。魯迅說，「其實地上本沒有路，走的人多了，也便成了路。」誠哉斯言。

少年漫畫中的萌系正太

至於少年漫畫中常見的萌系正太，大致不會太強調性的誘惑感——當然，二創又是另一番風景。

萌系正太，可說是大量跟正太相關的屬性排列組合構成的。比方說《暗殺教室》的潮田渚（しおた なぎさ），髮型耐人尋味，外表纖弱女兒命，卻不可因此小覷他的毅力和器量。對了，「潮田」的「しおた」諧音的片假名就是「正太」（ショタ），究竟是不是惡搞呢？

《神奇寶貝》中的角色小光（ミツル）也被稱作「典型的萌系正太」，弱氣害羞有禮貌，但捕獲拉魯拉絲（ラルトス）後反倒想成為強大的訓練家了。

《魔法老師》的涅吉（ネギ）則彷彿是要證明，後宮沒有陽剛氣概門檻，才不必跟那些高大帥氣的同學一樣，你也可以虜獲全班各色女孩。涅吉的眼鏡完全是個象徵性配件，但是不是也讓你覺得可愛又有特色呢？

又如毛皮、貓耳、犬齒、狐狸尾巴、狼牙項鍊等屬性，雖然有些偏離王道動漫，在萌屬性的資料庫裡仍時常跟正太交會，如遊戲《英雄聯盟》中的提摩（Teemo）、凱能（Kennen）和飛斯（Fizz），也頗受正太控歡迎（淫）。

萌系正太，人畜無害，連性徵都不明朗，他們的「未熟」懸盪在色情素材和三次元裡上學不一定快樂、扮裝不一定受歡迎的男孩之間，顫巍巍地討著人喜歡，連恐同異男都會放下戒心，少不了御姐疼惜。

說起來，這年頭講到「正太」，理當是指萌系正太，我們繞了一圈，從堂山這種色情素材說起，只是要突顯：「性」的成份多寡、性質如何，會影響哪些素材比較容易被人看見，久而久之，我們對一個詞——譬如「正太」——的想法，也會受左右。同一個詞，正太控阿姨大叔和熱愛動漫的高中生會受到不同觸動，浮現不同的經驗。一九九五年後出生的朋友，你們想到的或許是 TF Boys 呢！

正太的展現與管制

「正太」牽連著的各種性欲，在社會上處於不同的位階，不過現代社會一般都嚴格管制未成年的性欲，不論是未成年者表達性欲，或成年者表達對未成年者的性欲，皆是如此。未成年者的性應該要受保護，兒童不但脆弱，也不知道自己要什麼，嚴加看管是理所當然的，這樣的思路果然是常識吧！兒童需要保護，對兒童有性欲的成年人即是戀童癖，侵犯兒童身體應以法律懲罰，即便沒有付諸實行，也應交由精神醫學治療。

然而，倒過來的因果關係會不會更合理呢？先區分了「兒童」和「成人」，然後才有後面的侵犯、懲罰與矯正。畢竟各國目前都還是拿年齡來切劃兩者，不管就生物或心理而言都十分武斷。再說，我們對「兒童」的想法，比方說純真、無邪，也不是那麼理所當然的。在西歐，「童年」的概念一直到十六世紀才萌芽，在此之前，能不能幹活的差異比較重要。在清治臺灣的判例中，生理男性間的情欲會發生在十幾歲的人身上，但當事人皆非因為侵犯兒童而獲罪，而是因為顛倒了性的階序。

「正太」一詞帶著濃濃的昭和味，跨越語際，用在情欲持續演化著的世界，違合感似乎也不是太嚴重。也許，正是因為日文漢字提供了一折迂迴，更能容納社會非議的戀童情欲。

相映成趣的，ACG中的正太，或是經過藝能產業挑選、訓練、包裝後的 TF Boys 等少男偶像，如前所述，去性去得乾淨，也離現實中發育幼遲的或性別認同存疑的少男最遙遠，卻反倒能讓高調不得的欲望攀附、壯大，拍成生活寫真的日本男孩情色素材，青山裕企的攝影集《School Boy Complex》，少年藝人、團體的後援會，都是例子。

說起來，究竟誰在意三次元「正太」成長過程中的切身苦痛呢？在兒童情欲備受管制的三次元，二次元正太「未熟」的魅力，可不一定是優勢呢！

附註

註1 最顯而易見的狀況是有些段落快轉，有些沒有。

註2 例如圍繞著童星和少年團體（晚近的好例子是TF Boys）的戀童社團。

註3 俺ね、ずっととか、絶対とか、そういう不確かなことを言い切るのって、逆に誠実じゃない気がするから。語出《腐女的ＢＬ日本語》，第一四四至一四五頁。

附錄‧各類作品建議名單

BL漫畫

- 《擁抱春天的羅曼史》（一九九九），新田佑克。中文：台灣角川出版。
- 《世界一初戀》（二〇〇六），中村春菊。中文：尚禾出版。
- 《純情》（二〇〇六），富士山ひょうた。中文：尖端出版。
- 《同級生》（二〇〇八），中村明日美子。中文：尖端出版。
- 《無法觸碰的愛》（二〇〇八），ヨネダコウ。中文：尖端出版。
- 《可愛的貓毛情人》（二〇一〇），雲田はるこ。中文：青文出版。
- 《彷彿清新氣息》（二〇一二），永井三郎。

百合／GL漫畫

- 《少女革命》（一九九六），齊藤千穗。中文：大然、尖端出版。中文：青文出版。
- 《瑪麗亞的凝望》（一九九八），今野緒雪。中文（小說）：青文出版。

- 《神無月的巫女》（二〇〇四），介錯。中文：台灣角川出版。
- 《青之花》（二〇〇四），志村貴子。
- 《舞 -Hime》（二〇〇四），佐藤健悅。中文（動畫）：曼迪傳播代理。
- 《輕鬆百合》（二〇〇八），なもり。中文：東立出版。

成人／美少女／男性向戀愛遊戲

- 《To Heart》（一九九七），Leaf／AQUAPLUS社。
- 《KANON》（一九九九），KEY社。
- 《AIR》（二〇〇〇），KEY社。
- 《Fate/stay night》（二〇〇四），TYPE-MOON。
- 《LOVEPLUS》（二〇〇九），KONAMI。

乙女遊戲

- 《金色琴弦》（二〇〇三），光榮公司。
- 《夢幻奇緣2》（二〇〇三），GeneX。

- 《遙遠時空3》（二〇〇四），光榮公司。
- 《純愛手札／心跳回憶 Girl's Side 3rd Story》（二〇一〇），KONAMI。

正太漫畫

- 《天才寶貝》（一九九六），羅川真里茂。中文：大然、尖端出版。
- 《哨聲響起》（一九九八），通口大輔。中文：東立出版。
- 《放浪息子／放浪男孩》（二〇〇二），志村貴子。中文：長鴻出版。

偽娘漫畫

- 《變身公主／公主公主／變身男孩》（二〇〇二），津田美樹代。中文：青文出版。
- 《放浪息子／放浪男孩》（二〇〇二），志村貴子。中文：長鴻出版。
- 《櫻花樹下的小惡魔》（二〇〇九），松本トモキ。中文：東立出版。
- 《彷彿清新氣息》（二〇一二），永井三郎。

註：括號中的年代為作品／系列最早開始連載或發行的年份。

作者群（按照章節順序）

fallengunman

唸社會學，兼差當平面設計師，與強者朋友們共組動畫評論社團「SOCOTAKU」。雖然自稱是宅宅，但看過的作品實在太少了，愧對社會大眾。喜歡的動畫是《SHIROBAKO》，喜歡的導演是今敏，喜歡的畫師是大槍葦人、西島大介和 KINONO，喜歡的色情漫畫家是鬼束直和関谷あさみ。

千翠

腐系同人女、二創專，不務正業終日懶散，腦袋動得比人慢，人生也活得比人慢。最近希望年齡也增長的比人慢吧，這樣人生再多混個百年，看看百年後的動漫畫又會是什麼樣子。

楊若暉（半成品）

一九八四年生，臺中烏日人，雙胞胎中的妹妹。國立中興大學歷史學系研究所碩士。原本朝著漫畫家的方向前進，出了同人本之後發覺寫評論比較明智。

在網路上以半成品之名進行活動。曾自費出版《少女的庭園：臺灣百合文化史》，後獨立作家出版社改版為《少女之愛：臺灣動漫畫領域中的百合文化》。Facebook 粉絲專頁「貓品，漫畫中毒＿百合，愛有力」：https://www.facebook.com/maopintwins

弦琅

一九××年×月×日出生，開始工作後就變成了個以PAD和動畫消磨春光的閑人。由於種種大人的原因，最近總是在堆滿數學符號和點陣圖的日子裡狂搜亂尋一些亂七八糟的無用知識，這種在二次元和三次元的狹縫間學習新知的感覺意外地相當有趣。而這篇文章雖然也是在各種逃避現實和幫忙中誕生的怪玩意兒，但要是能夠有點科普到人的效果，那麼也算是修成正果（?）了吧。

總之，要謝的人太多了，那麼就先讓花兒給謝了吧。

科科任

衝了首發 New Love Plus + 首發的死士之一，買的還是現今店家幾乎砍半價拋售中的愛花同捆機。不小心寫過小說集《好球帶》以及跟與人合編東方本《東方銀幻想》，目前主要在個人 BLOG「棒球宅的宅窩一個」發發ＰＡＤ偽攻略廢文中（http://ricky158207.pixnet.net/blog）。

陳莞欣

大學念過外文和一點社會學，研究所念的是新聞；目前正以乙女遊戲的性別意涵為題，撰寫碩士論文。現為關心性別議題的異性戀女性、努力想畢業的研究生。

elek

一九八六年生於高雄鹽埕埔。社會學出身。目前從事翻譯，《秘密讀者》編輯群成員。

阿橘

因為姓柏所以也以柏阿橘行走江湖。目前處在碩論口考倒數卻又行事曆大爆炸的焦慮當中。研究專長其實是視覺藝術與粉絲文化，基因裡已被傑尼斯浸染，人生 list 之一是為井上雄彥作亞洲巡迴展。三年前不小心被雷打到落入索香無間地獄無限輪迴至今仍爬不出來，最喜歡跨媒介又超展開還很有病的事物。二〇一五開始以『超展開策畫』名義活動，進行當代藝術的策展研究與獨立編輯。

林穎孟

臺灣大學社會學研究所畢業，從小喜歡玩電玩、看漫畫，小學立志當漫畫家，在女僕咖啡館工作二年，著有《我在「女僕喫茶」工作：跨╱次文化中的女性身體與表演勞動》碩士論文、《人間社會學》〈觀看與臣服〉、合著有《臺灣社會學刊》〈從情緒勞動到表演勞動：臺北「女僕喫茶（咖啡館）」之民族誌初探〉。現任職於科技公司。個人關注性別研究、人權議題，並持續參與社會運動。

張瑋容

目前就讀日本御茶水女子大學性別學際研究博士班，主要研究領域為性別社會學、哈日現象之歷史流變、文化研究。著有〈從「BL妄想」看另類情慾建構：以臺灣腐女在「執事

喫茶」中的妄想實踐為例〉、〈一人の「哈日族」女性のライフストーリーにみる〈日本〉との関係性のあり方〉等學術論文，書評〈鈴木涼美著「AV女優」の社会学—なぜ彼女たちは饒舌に自らを語るのか〉，及共譯《「性／別」攪乱—台湾における性政治》。

東園子

一九七八年出生。二〇一〇年取得大阪大學人文科學博士學位。現任大阪大學人文科學研究所訪問研究員。研究領域為文化社會學和性別研究，目前研究主題為YAOI、寶塚歌劇等日本的女性向流行文化。著作有專著《宝塚・やおい、愛の読み替え —女性とポピュラーカルチャーの社会学》（二〇一五年，日本新曜社）、多人合著《宝塚という装置》（二〇〇九年，日本青弓社）等以及期刊論文〈紙の手ごたえ —女性たちの同人活動におけるメディアの機能分化〉《大眾傳播研究》第83號（二〇一三年、日本大眾傳播學會）等。

KONEKO

現職編輯。從小是少女漫畫讀者，因為等不及臺灣翻譯版，大學只好去念日本語文學系。高中時不小心撿到偽裝成少女漫畫的「絕愛」，突然發現新大陸，從此沉淪腐海直到今天尚未靠岸。主食日本商業ＢＬ，同人略懂略懂，近年新歡是鬧上社會版的某ＣＰ滿天飛之籃球漫畫。

邱佳心

國立政治大學廣播電視研究所碩士。披著傳播出身之皮的反社會人格之骨。沒有專長，只有興趣；逼不得已時能夠投入三年，隨心所欲時只可維持三分鐘。

廣義來說喜歡學術喜歡理論喜歡探究，嚴格看來更喜歡的是一團混亂中的豁然開朗，哪怕只有一瞬。

劉品志

是同志也是腐男，走了頗長的路才找到「為何女生會喜歡上ＢＬ？」的答案。認為ＢＬ的出現不僅是女性情慾自主性的體現，也是目前唯一由「非同志族群」所稱起能跨越「異／同」圈子的「同性愛」大眾流行文本。

新社员

國家圖書館出版品預行編目（CIP）資料

動漫社會學：別說得好像還有救 / 王佩廸主編.
-- 初版 . -- 臺北市 : 奇異果文創 , 2015.08
272 面 ; 14.8×21 公分 . --（緣社會 ; 3）
ISBN 978-986-91943-2-7（平裝）

1. 次文化 2. 文化研究 3. 日本動漫

541.3 104012850

緣社會 003

動漫社會學
別說得好像還有救

主　　編　王佩廸

封面插畫　葉長青
美術設計　蘇品銓

總 編 輯　廖之韻
創意總監　劉定綱
行銷企劃　宋琇涵

法律顧問　林傳哲律師　昱昌律師事務所

出　　版　奇異果文創事業有限公司
地　　址　臺北市大安區羅斯福路三段 193 號 7 樓
電　　話　(02) 23684068
傳　　真　(02) 23685303
網　　址　https://www.facebook.com/kiwifruitstudio
電子信箱　yun2305@ms61.hinet.net

總 經 銷　紅螞蟻圖書有限公司
地　　址　臺北市內湖區舊宗路二段 121 巷 19 號
電　　話　(02) 27953656
傳　　真　(02) 27954100
網　　址　http://www.e-redant.com

印　　刷　永光彩色印刷股份有限公司
地　　址　新北市中和區建三路 9 號
電　　話　(02) 22237072

初　　版　2015 年 8 月 9 日
I S B N　978-986-91943-2-7
定　　價　新臺幣 330 元

奇異果文創

奇 思 異 想 之 果

溫 柔 革 命 閱 讀

奇異果文創

奇 思 異 想 之 果

溫 柔 革 命 閱 讀

奇異果文創

奇思異想之果

溫柔革命閱讀

奇異果文創

奇 思 異 想 之 果

溫 柔 革 命 閱 讀